Kei Sugawara
菅原圭

ふつうの人がお金持ちになるたった1つの方法

河出書房新社

「お金持ちになる！」と決めよう。すべてはそこから始まるのだ

──はじめに

今の世の中は、はっきりと2つの世界に分かれている。お金がある人の世界とお金がない人の世界の、2つだ。

富《と》める者と貧しい者がいるのは昔から世の常だったが、今ほどその境界線がはっきりと引かれている時代はないと思う。お金持ちの世界とそうでない人の世界は、天体が違うくらいに大きく隔てられているのだ。

残念ながら「仕事上」という断りつきだが、私はときどき、自分とは異なる天体のほうに足を踏み入れる機会がある。その結果、もうもう、恥も外聞《がいぶん》もないくらい、お金持ちになりたいと願うようになっている。

これまでは、貧しいながらもそれなりに心温まる暮らしがあったようだが、今の世の中はもっと厳しい。お金がないとあれもできない、これもできないと、できないことがどんどん増えている。

はっきりいえば、貧乏では人生を輝かせることは、まず不可能だろうといいたくなる。そんな時代なのだ。

お金があるとどんなにいいか。今さら書くまでもないだろうが、何よりもお金持ちは自由に、思うままの人生を進んでいける。多くの場合、その結果、さらにお金を増やしていっている。

だから、素直にこう思おう。

「お金が欲しい。お金持ちになりたい!!」

前著『お金持ちが肝に銘じているちょっとした習慣』は、おかげさまで好評をいただき、版も重ねている。改めて心から御礼を申し上げます。

読者の方からはまた、「お金持ちの行動や思考と、お金に苦労する人の行動や思考はどう違うのか」、もっと教えてほしいというご要望もいただいている。

改めて、その両者についてよく考えてみると、たしかに大きく何かが違う。さらに、お金持ちには共通する思考や行動のしかたがまだまだあることに、今さらのように気がついた次第だ。

仕事をすること、いや、生きていくことは一つひとつ、選択を重ねていくことだ。お金持ちになる人は、いつも、みごとなまでに「お金持ちになる方向」を選んでいる。その様子を見るうちに、私は、お金持ちになる選択の最大のポイントは、これだと確信するようになった。

自分自身が思うとおりに選ぶこと。時には「直感」も含めて。

まわりの意見や、「世間では」「一般には」という他人のスケールには振り回されない。それはもう徹底していて、あっぱれのひと言だ。

いつでも、どんな場合も自分のモノサシがあって、そのモノサシでしっかり選んで行動しているのだ。

コンビニでコーヒーを買うかどうかという小さなことから、会社をやめるかどうかという大きなことまで、自分自身でしっかり考え、迷うことも揺れることもなく決めていく。決められる。それが積み重なって、やがては「月旅行に行くゾ」と宣言し周囲を驚かせるくらいのお金持ちになれる……といいのだが。

ともかく、目指して進み出さなければ、いつまでたっても月への道の出発点にさえ到達しないことだけは明らかだ。

本書では、お金持ちがさまざまなシーンでどんなふうに選択し、行動してきたかを集められるだけ集めて紹介していく。

ぜひ、1つでも2つでも参考にして、さっそく今日から「お金持ちの選択」を始めてほしい。一歩踏み出せば、あとはそれを続けていけばいいのだから。

当たり前のことだが、人生は自分自身で築いていくほかはない。お金持ちになる道も自分自身で歩んでいくほかはないことを、もう一度しっかり噛《か》みしめて、本書を読み進めていってほしい。

その結果、ちょっとずつでもお金持ちに近づいていくことを祈ってやまない。

菅原　圭

ふつうの人が**お金持ち**になるたった1つの方法　もくじ

第1章

ふつうの人がお金持ちになる道は1つしかない

§具体的なイメージを描けていますか？

第2章

「時間」という資源をとことん使いつくす

§時の刻みは平等だが、ここで差がつく！

第3章

「お金の本質」を理解しなければ成功はおぼつかない

第4章

「仕事」のしかたを変えるだけで結果は180度変わる

§大きく稼ぐ人の意識、行動を盗め

第5章

どんどん物事を好転させていく「自分磨き」の極意

§人にもお金にも愛されて生きるために

装丁
こやまたかこ

カバーイラスト
岸 潤一

第1章

ふつうの人がお金持ちになる道は1つしかない

§

具体的なイメージを描けていますか？

「お金持ちになりたい！　なる！」と決める

◉本音は誰でも、お金持ちになりたい

「お金持ちになりたい」

「何がなんでもお金持ちになりたい」

と思ったことがない人がいたら、今すぐ、この本を閉じてゲームでも始めてください。

でも、まず、そんな人はいないはずだ。

なかには、「いやあ、フツーに生きていければそれでいいさ」とか、「お金持ちになるなんて夢のまた夢。オレの人生には関係ない。とっくにあきらめている」という人もいるかもしれない。

でも、そういう人だって「お金持ちになりたくない」わけじゃない。

心の奥の奥まで探っていって、本音を探れば「お金持ちになりたい」気持ちは、ちゃんと息づいているはずだ。

私も、以前は「『お金持ちになりたい』とまでは思っていない」と、自分でも思い込んで

いた。

だが、お金持ちと付き合う機会が増えてからは、それは自分の本音を見つめようとしなかっただけか、あるいは、「お金持ちになりたい」なんて口に出したり、態度に表したりするのはカッコ悪い、品がないと思い込んでいただけだと気づくようになった。

今の正直な気持ちをいえば、

「お金持ちになりたい」

「なりたくて、なりたくてたまらない」

これがウソ偽《いつわ》りのない本音だ。

◉認識することからすべては始まる

自分が「こう、なりたい」と思う。そして願う。その願いをかなえる。

人はそのために生きていくのだ。

ある意味、人は誰でも、自分の本当に望んでいる思いを実現するために、がんばって生きているのだ。

お金持ちになりたい。そう強く思うなら、それに的を絞って生きていこう。

お金持ちになる第一歩は、まず、「お金持ちになりたい。絶対になる！」という自分の切《せつ》なる思いを、正直に認めることだ。

そもそも、目指す方向が決まらなければ、この先、進んでいく方向も決まらないではないか。

どのくらいお金があれば、お金持ちだといえるのか

◉お金持ちのイメージは年収1億円以上

なにげなく「お金持ち」といっているが、お金持ちとは、いったいどのくらいのお金をもっている人のことなのか？

一般的には、野村総合研究所が使っている「純金融資産の保有額による階級分類」が富裕層の基準とされているそうだ。

それによると、富裕層は以下の5つのクラスに分けられている。

・超富裕層……純金融資産5億円以上
・富裕層……1億円以上5億円未満
・準富裕層……5000万円以上1億円未満
・アッパーマス層……3000万円以上5000万円未満
・マス層……3000万円未満

それぞれの層のお金持ちが占める割合を見てみよう。

2018年12月時点の統計で、超富裕層は5・46%、富裕層は13・97%、準富裕層は16・05%、アッパーマス層は20・79%、マス層は43・73%。

国税庁では「年間所得1億円以上」の人々を富裕層としている。そんな税務署は所得、つまり、お金の流れに目を光らせていて、誰かの懐《ふところ》にがっぽりお金が入れば容赦なく税金を取り立てるわけだ。

ちなみに概算によると、年収が1億円あっても、税務署という関門を通ると手取りでは4962万円ほど（扶養があるなしなど諸条件によって異なるので、あくまでも参考程度）になるそうだ。

◉日本の税金システムはお金持ちに厳しい

お金持ちになると、そのぶん税金が高くなる。そのこと自体は知ってはいたものの、半分も消えてしまうなんて……。これはかなり厳しいシステムになっているのだ、と改めて驚く。

日本の所得税率は、最高で45％（住民税などを入れると最高で55％）になるのだが、これは先進国（OECD加盟国）の中では4番目の高さ。ちなみに、いちばん高いのはフィンランドで60％超えだ。

しかし、日本では年収1000万円クラスなら、所得税に住民税を足してもわずか10％程度と、これは先進国中では最低レベル。その意味では、庶民にはやさしい国なのだともいえる。

でも、税金をたくさん払うことも一種の社会貢献だ。やっぱり、臆《おく》さずにお金持ちを目指そう。

◉それでも、お金持ちは増えている

それでは、年収1億円以上のお金持ちはどのくらいいるのだろうか。

これも大いに気になるところだ。「私のまわりにはあまり見かけないなあ」という人もいるだろうが、いるところにはちゃんといる。年収1億円以上の人は、日本中では2万501人（2016年）いる。

もっとも、日本中で働いている人（就業者数）は6552万人。このうち、年収1億円以上は0・00031％。1万人につき3人くらいしかいない。

お金持ちは、やっぱり本当に希少だとわかるのだが、しかし希望はもっていい。**1億円プレイヤーは確実に増えているからだ。**

2010年は1万1834人、2011年は1万2750人、2012年は1万3609人、2013年は1万8370人、2015年は1万9234人、2016年は2万501人。

資産から見ても、野村総合研究所の「純資産調査2015年（各種統計などから資産保有額を推計）」によれば、純金融資産の保有額1億円以上の「富裕層」が、最多の121万7000世帯となり、2013年から21％も増加している。

この流れにうまくのって、私たちもお金持ちへの道を目指して進んでいこう。

お金持ちの家に生まれても、相続するだけでは厳しい

◉家のお金は3代でなくなる！

お金持ちになるためには、どんな方法があるのだろうか。

『大富豪からの手紙』（ダイヤモンド社）などの著書がある本田健氏によると、お金持ちになる方法は、次の3つしかないという。

【1】お金持ちの家に生まれ、家のお金を継承する。
【2】投資など、お金に働いてもらう。
【3】自分の力で、自分で稼ぐ。

なるほど。でも、このうち【1】は生まれ変わってこなければどうにもならないし、仮にお金持ちの家族に生まれたとしても、世の中、そう甘くはなさそうだ。

◉最高で55％もかかる相続税

なぜなら、相続のさいにも大事なお金に税金が襲いかかってくるからだ。相続税の最高税率は55％。

というと、たとえば亡くなった親が1億円の資産を残した場合、手取りは4500万円に目減りしてしまうのか、と考えるだろうが、実際は控除額などがあり、相続税の計算はかなり複雑。手取りはおそらく5000万円を超えるくらいだ。

とはいえ、おおざっぱに見て半分は税金にもっていかれる。家のお金を受け継ぐにしても、けっこう厳しいものだとわかる。

2ケタ億円、いや3ケタ億円の資産を受け継ぐ場合は税率は打ち止めだとしても、金額はびっくりするほどの額になる。親が一生懸命働いてつくり、子どもに残したお金を半分以上もかっさらっていくなんて、なんで国にはそんな権利があるの？　といいたくもなってくる。

以前、国税庁に取材した折に、「収入が増えれば増えるほど、所得税や相続税が上がるのはなぜですか？」と素朴な疑問をぶつけたことがある。

答えは「富《とみ》のフラット化を目指すためです」だった。

つまり、もてる人からがっぽり取り立てて、そのお金を社会保障などに使って、もたざる者にもゆきわたらせていく、という論理なのだ。

本当にそうだろうか？　と眉にツバをつけたくもなるが、まあ、とりあえずは信じておこう。

◉その結果が「売り家と唐様で書く三代目」

「売り家と唐様《からよう》で書く三代目」とは江戸中期の川柳《せんりゅう》で、本来は、初代が苦労して財を築いても二代目はなんとかもちこたえる程度、三代目になるころには家業が傾き、ついには家を売りに出す羽目になる……という意味。

「唐様」とは当時流行ったおしゃれな字体のこと。三代目は流行を追いかける遊び人になるのがオチ、ということを暗示している。

江戸時代は、家の資産を継承しても子や孫はそれを食いつぶすだけという意味合いだったが、現代では、相続税で半分、また半分と取られているうちに、家のお金は三代で消えてしまう、と詠《よ》んだものといえそうだ。

「お金を働かせる」だけで生活できるのはお金持ちだけ

◉金利だけで暮らすには、どのくらいあればいい？

【2】の「お金に働いてもらう」とは、銀行に預けて金利を得るとか、株を買ってその配当を得るようなことをいう。

お金を預けて金利などだけで悠々暮らすにはいくらぐらい必要か、考えてみよう。

現在、銀行の金利は定期金利で０・０１％程度。必要な生活費を年額４００万円と見積ると、それだけの金利を得るには４００億円ほど預けておく必要がある。

ネット銀行の中には０・２０％という高い金利をつけているところもある。これなら元金は20分の1。20億円ほどでいい、わけだが……。

◉銀行に20億円を預けられる人が、どれだけいるか

「20億円ほどでいい」といわれても、これだけのお金をもっている人がいったいどれだけいるだろうか。

なんといっても、日本全体の成人のうち、資産を5億円以上もっている人の割合は0・16％ほどだ。銀行に20億円を預けられる人は当然、もっともっと少なくなる。

昔は、金利や株の配当だけで悠々暮らすお金持ちがけっこういたものだが、超低金利時代では、かなりの元手が必要だ。つまり、今すでにお金持ちでなければ、「お金に働いてもらって暮らす」ことは難しい、というより不可能だ。

現代のお金持ちは、自分の力でお金持ちになってきた

◉「お金持ちランキング」を見てわかること

米フォーブス誌が2018年に発表したアメリカのお金持ち番付によると、24年間の長きにわたって1位を守ってきたマイクロ・ソフトのビル・ゲイツ氏を抜き去って、アマゾン創業者でCEO（最高経営責任者）のジェフ・ベゾス氏がお金持ちランキングの1位に躍り出た。

ベゾス氏の推定資産は1600億ドル（約18兆1000億円）。ゲイツ氏の970億ドル

（約11兆円）を大幅に上回る大躍進ぶりだ。

アマゾンは通信販売事業に加えてコンテンツ事業やリアル店舗へとビジネスを拡大し、その結果、株価はこの1年で倍以上に上がったというから、すごい！　次いで3位はウォーレン・バフェット氏（投資家）、4位はマーク・ザッカーバーグ氏（フェイスブック）。グーグルのラリー・ペイジ氏、セルディ・ブリン氏も6位と9位入り。

かつてのカーネギーとかロックフェラーのような、お金持ちの家の出身という人たちはリストから消え、いずれも自分でビジネスを起こし、成功した人がお金持ちになっている。お金持ちをめぐる時代の変遷がよくわかる。

◉お金持ちを目指す最大の推進力とは

この傾向は日本でも明らかだ。

フォーブス誌が発表した、2018年版の日本のお金持ちランキングの1位はソフトバンクの孫正義氏。資産は2兆2930億円だ。

2位はユニクロ（ファーストリテイリング）の柳井正氏で約2兆2100億円。楽天の三木谷浩史氏は5660億円で7位。5030億円で8位の似鳥昭雄氏（ニトリ）など、お金持ちランキング上位を占めているのは、やはり自分でビジネスを起こし、大成功した人たちだ。

最近、そのお金持ちぶりがとかく話題になるZOZOタウン（株式会社ZOZO）の前澤友作氏も、もちろん自ら起業し、お金持ちになっている。

だが、一気にここまでの大成功を目指そうとすると、「私にはムリ……」と思ってしまいそうだ。

とりあえずは、年収400万～500万円（サラリーマンの平均年収）から一歩抜けだし、1000万円台にするくらいのところを目指してはどうだろう。それでも、今よりはずっとお金持ちの気分を感じられるようになると思う。

実際、私が出会ったあるお金持ち、現在は日本を代表するビジネスホテルチェーンの会長であるE氏（現在は息子さんに社長を譲っている）は「年収が2000万円台になったとき、けっこういい気分になった」と語っている。

お金持ちへの第一歩は、ちょっとだけでもいい、お金持ちらしさを実感していくことだ。

ちょっと飲む。週末を楽しむ。そんなとき、いちいちお金のことを気にしなくてもよくなる。その程度のことだが、実はこれがあんがい大きな違いだと思う。

「貧乏」はお金持ちになるために必要な体験だ

◉今、貧乏なら喜ぼう

私がこれまで取材してきたお金持ちで、貧乏を経験したことがない人は1人もいなかった、といってもよい。

「誰でも、早いか遅いか、一度は必ず貧乏を体験すべきだ」

明治の億万長者・本多清六《ほんだせいろく》はこういっている。

実はごく最近、私は、主に中小企業の経営者に向けた「お金のやりくり」に関する本、もう少しカッコつけていうと、「経営資金、運転資金をどうやって手に入れるか」をテーマにした本作りに関わった。

敏腕経営アドバイザーであるA氏に取材して書いたものだが、彼もまた、

「お金に関する苦労をすることは経営者として欠かせない」

と、よく口にする。

A氏の手腕《しゅわん》が最もよく発揮されるのは、中小企業経営者の最大の悩みの一つである事業

継承、子どもなどに会社を継がせることだ。多くの場合、今後も会社が成功し続けられるかどうか。お金持ちでいられるかどうかの分かれ目は、ここだからだ。

先に述べたビジネスホテルの社長E氏も、ため息とともによくこう口にしていた。

「息子はお金の苦労をしていないからなあ」

息子さんは、E氏がお金持ちになったころに生まれ、そのお金のチカラでアメリカ留学をし、経営学を学んできた。はたから見れば、一流の経営者の道をまっしぐらに進んでいると見える。それに対して、長い時間と苦労のすえにお金持ちになった元社長は、だからこそ、心配なのだとハラハラしている。

私たちの世代は、親や先輩から「若いときの苦労は、買ってでもしろ」といわれてきた。苦労はけっして悪いものでもネガティブなものでもない。苦労をしている間に、想像以上に大きなものを学ぶことができる。

今、貧乏な人はある意味、貴重なチャンスを得ているのだと大いに自信をもとう。

何よりも、貧乏をしなければ、お金のチカラも、お金のありがたみも身に沁《し》みて理解できない。漠然《ばくぜん》と、お金はないより、あったほうがいいと思っている程度ではお金持ちの道は遠いだろう。

お金のありがたみを身に沁《し》みて知っているかどうかは、この先、お金持ちになれるか、貧乏な人のまま終わってしまうかを大きく分ける、かなり重要なポイントになる。

◉人の心がわからない者は絶対に成功しない

一介《いっかい》の自転車屋から世界のホンダを育て上げた本田宗一郎氏は、次のような言葉を残している。

「貧乏してはじめて、人間の本当の喜びや悲しみがわかると思う」

この言葉も深い含蓄《がんちく》を秘めている。

成功者となり、お金持ちになった人たちにいちばん共通しているのは、何よりも人の心を大切にしていることだ。

考えるまでもない。どんなビジネスでも、アーティストなどならいっそう、相手に深く訴えかけ、心をとらえて離さない強い引力がなければ支持は得られない。

ビジネスの成功は、相手の心をどれだけとらえたかで決まるものなのだ。

毎月のように新しいホテルをオープンし、快進撃を続けているAPAホテルの元谷芙美《もとやふみ》子《こ》社長は、ホテル会社を立ち上げたころ、新参のAPAホテルの強み、つまりセールスポイントは「真心」しかないと考えたそうだ。

そこで思いついたのが、折り鶴。最初のころは、社長自身が一つひとつ手ずから折っていたそうだ。そのうち、それを見ていたスタッフたちも一緒に折りはじめたと聞いている。

今では、競合相手のホテルでも折り鶴でのウェルカムを真似するところも現れ、折り鶴神話もやや色あせてきた感があるが、ビジネスの成否を分けるのは、最初の一歩を踏み出すかどうか、なのだ。

最初にこのサービスを取り入れた元谷社長に、やはり一日《いちじつ》の長があるというべきだろう。

ちなみに、現在、元谷芙美子社長のお給料は「5億円ほどもらっています」とのこと。あるテレビ番組で自ら語っておられた。「真心」を武器にスタートしてここまで到達するなんて、すごい！　のひと言だ。

第2章

「時間」という資源をとことん使いつくす

§

時の刻みは平等だが、ここで差がつく！

「超」の字つきの朝型人間になる

◉お金持ちには圧倒的に朝型人間が多い

長いこと、夜、遅いのは当たり前というような出版の世界にいたためか、私はどこかで、「夜型人間のほうがカッコいい」、もっといえば、知的だと思い込んでいた。

だが、最近はすっかり心を入れ替え、毎朝4時には起きている。早朝、近くの公園でウォーキングと簡単な運動をして帰宅すると6時ごろ。それから入浴、朝食。コーヒーをゆっくり飲んで7時には仕事を始める。そんな暮らしにシフトしてしまった。

お金持ちに取材しているうちに、ほとんどのお金持ちは朝型人間、それも超の字つきの朝型人間ばかりだと気づいたからだ。

1年に1冊ぐらいの間隔でもう10冊以上、本を一緒に作っているあるお金持ち、K氏はその代表だ。

朝は毎日4時起き。24時間オープンしているジムに行ってひと汗流すか、数百メートルほど泳いでくる。それからメールなどを処理しても、7時には余裕で仕事をスタートさせている。

以前、K氏は私とのアポイントを、

「(スガワラさんは朝弱いから) 9時から取材開始にしましょうか」

と〝温情〟を働かせてくれていた。といっても、彼の仕事場に行くまで1時間弱かかる私は8時に家を出る。7時には起きなければいけないと前の日から私は大緊張。しかも、この時間帯はラッシュのピークだ。

あるとき、ついラッシュの凄まじさをこぼしたら、K氏は事もなげにこういった。

「じゃあ、8時開始にしましょうか。いや、7時のほうがいいかなあ。そうすれば9時には終わりますよ」

こういわれては後には引けない。そこで一念発起、意地もあって7時に都心のホテルまで出かけるようにしたところ、なんと快適なことか！　朝早くから起動する心地よさに目覚め、それからはすっかり早起き人間に変わってしまった。

◉始業時間には準備完了、エンジンも温まっている

午前6時ごろ、時にはそれより早く電車に乗るようになって驚いた。すでに、かなり多

くの人が電車に乗っている。ほとんどは仕事に向かう人たちだ。

それもスーツ姿の人がけっこう目立つ。

この時間帯に会社に向かえば、7時には到着。電車は混んでいないから、新聞をラクラク読める。少なくとも、会社に着くまでに重要な記事は読み終えられる。

会社に着いてからも余裕たっぷり。途中のコンビニで買ったコーヒーをゆったりと飲み（最近のコンビニのコーヒーはけっこうおいしい）、それからメールの整理や会議の資料にもう一度目を通したりしていると、ボチボチほかの社員が出勤してくる。

「おっ、早いですねぇ」なんていわれると、たったそれだけのことなのに、けっこういい気分になる。

いい気分で1日の仕事をスタートさせれば、結果も変わってくる。

私の場合は、早朝にメールの返事を送ったりすると「朝、早いんですねぇ」といわれるくらいだが、それでも気分はいい具合にノッてくる。

朝型人間の強みが最も発揮されるのは、朝イチ会議だ。ギリギリに出社してきたほかの人は、まだ頭がシャッキリしていないことが少なくないし、中には目がトロンとしていることさえある。

一方、1時間以上前から出社している朝型人間はエンジンが温まり、トイレもちゃんとすませて、いつでもフルモードで仕事にかかれる。会議での発言も当然、違ってくる。シャープで的をはずさない発言が光ってくるのだ。

◉朝の1時間は夜の3時間に匹敵する

「働き方改革」を推し進めようとしている安倍晋三首相は、「朝型勤務」へのシフトにも並々ならぬ熱意をもっているようだ。実現はしなかったが、サマータイムを導入したいという思いには、「気持ちのよい早朝から働き、夕方からは家族や友人との時間を楽しむ」というライフスタイルに変えていこうという思いもあったらしい。

この動きを受けてか、数年前から「朝型」への移行を積極的に進めている会社も現れている。たとえば伊藤忠商事もその一つ。

伊藤忠では、2013年の10月から朝型勤務を導入。一方で22時以降の残業を原則禁止とし、そのかわりに朝のうちに仕事をする人が増えるように、5～8時に仕事を開始した人には深夜勤務と同じ割り増し手当を支払うこととした。

さらに、朝早く出社した人に対して、サンドイッチやジュース、スープ、コーヒーなどの軽食も用意するようにしたため、朝早く会社に来て、軽い朝食をとりながら仕事を始めるワーキングスタイルが定着しているという。

残業しても思ったほどはかどらない、と身に沁《し》みている人は多いはずだ。だが、朝早くから仕事をスタートさせれば、さくさくはかどる。

9時からは会社全体の仕事もスタートする。だから、残業のように、軽く1〜2時間、もうひとがんばりしようと思ったのに、気がついたら10時を回っていたというようなだらだら仕事はできない。9時までにはやり終えなければならないという気持ちが、いっそう仕事の効率をアップする。

「朝の1時間で、夜の3時間分の仕事ができる」というのは本当だ。

早起きは「三文の徳」どころか何倍も得

◉午前中にはひと仕事片づく

朝型に転換するまでの私は、8時近くに起き、一応、9時には仕事部屋に入ることにしていた。それからメールに返事を出したり、昨日の仕事をざっと見直したりしているうちに、気がつくとお昼近くになっている。

すると一気に気がゆるみ、「まあ、午後から気を入れて、今日の仕事にとりかかるか」となり、午前中は、事実上の仕事はあまりはかどらないまま終わってしまっていた。

午後はそれなりにがんばるが、途中、ちょっとした休みをとったり、電話がかかってきたりと何やかやで時間はつぶれる。1日にこのくらいは消化したいという量の6、7分目で終わってしまうことが多かった。

締め切りが近づいてくると、未消化の分を夜に持ち込む。夜遅くまでがんばることは日常茶飯事。だが、その結果、午前中はなんとなくぼんやり過ごし、ますます夜は遅くなる……。

完全に悪循環が続いていた。

もちろん、これは私のような在宅ワーカーの場合であり、勤務時間が決まっている会社では午前中からフル回転という人が多いと思う。

だが、一見、フル回転のように見えても、朝のうちにちゃんと準備がすんでいる場合と、あわただしく仕事を始めた場合では、仕事の能率は明らかに違ってくるはずだ。

◉不要な出費が減り、生活が整う

私の場合は、朝型に転換してから、1日が長くなったという実感がある。午前中にひと仕事片づくから、その分午後の仕事量が少なくなる。仕事を夜にまで持ち込むことが目立って減り、プライベートな時間を楽しめる。

「仕事が終わったら駆けつけるから」というような約束でなく、ちゃんと時間どおりに約束の場所に到着し、仲間と大いに盛り上がれるようになったのだ。

さらに好都合なことに、朝4時に起きるから夜は9時、10時になると眠くなる。以前のように終電間際の電車に駆け込むことはなくなり、時には、やむを得ずタクシーで帰宅、というようなムダな出費もなくなった。

深夜タクシーに乗らなくなったくらいで一気にお金持ちになれるわけではないが、いうなれば、だらだらといい加減に過ごすのではなく、きちんとした暮らしを送れるようになったと感じている。

「きちんとしている」という実感は、けっこう自分を支えてくれる。ちょっとオーバーかもしれないが、自分のことも好きになれる気がするのだ。

◉「朝型人間ほど年収が上がる」というデータも

朝型人間のほうが仕事ができる⬇出世している⬇お金持ちになる。このことは、調査からも明らかになっている。

ライフネット生命株式会社が行った、男女500人ずつのビジネスパーソンを対象にインターネット調査を行ったさい、以下のような結果が出たという。

・現在、すでにビジネスパーソンの約4割が朝活を実施している。
・そのうち、特に朝活率が高いのは役員クラスや部長クラスなどの役職者で、55%におよんでいる。一般社員では朝活率は37・9%とその差ははっきりしている。
・年収別では、年収600万円以上の朝活率は57・7%。600万円未満では39・6%。

夜型のままだらだらと暮らしているか、朝型に切り換えるか。その意識の分かれ目は、年収600万円がボーダーになるといえるかもしれない。

ちなみに、朝活を始めてよかった点はというと、以下のようになった（複数回答）。

①時間を有効に使えるようになった……52・4%

②生活のリズムが整った……34・7％
③仕事がはかどるようになった……23・5％
④遅刻をしないようになった……21・1％

典型的な夜型人間を朝型人間に変える方法

◉ムリヤリでも強引にでも、とにかく起きる

出張先で、ホテルからイベント場まで移動は10分。そんな日でも、今、私は午前4時には目が覚める。

これは旅行先でも同じだ。同行者からは「時差ボケでは？」と思われているかもしれないが、時差ボケではない証拠に、何日たっても早朝ちゃんと目を覚ます。

以前の私は、ベッドに入るのは早くて午前2時。普通は3時ごろ。したがって、起きるのは8時ごろだった。

さらに、起きてからもぐずぐずしていてなかなか動きださず、ひどいときは二度寝して

いたり。気がつくと9時を回っていて、テレビは主婦向きの掃除のコツなどをやっていたりする。

そんな暮らしを何十年も続けてきた私だが、夜型から朝型への転換はあんがい簡単にできた。

要は、とにかく朝早く起きる。起きてしまう。これだけだ。

明日から朝型人間になろう。そう決心したら、目覚まし時計（もちろん、スマホでもなんでもいい）を希望の時間、朝4時なら4時にセットする。音量はもちろん最大！

ジジジジジジジ!!

ものすごい音にしておけば、夜中の2時に寝ようが3時に寝ようが、目が覚める。そうしたら、とにかくベッドから飛び出すのだ。

あと1分、いや、あと2分……。そんなふうにカウントダウンしながら、ふとんにもぐるのは至福といってもいいくらいだが、気合を入れて、とにかく起き出す。

できれば、それからジョギングとかウォーキングをするなど体を動かすと、眠っていた細胞が一気に目覚める。

これを黙って3日続ける。夜、寝る時間までは気にしなくていい。

◉朝4時起きを3日も続けると…

人は眠らずにはいられない動物。朝4時起きを3日も続けると、3日目の夜あたり、夜の10時ぐらいになると猛烈な眠気に襲われるはずだ。

眠くなったら、ここを逃さずすぐに寝てしまう。

明日までにまとめておかなければならない書類がある。返事をしていないメールがある。見たいテレビがある……。

そんなものは全部放っておいて寝てしまうのだ。やり残した予定は、朝やればいい。テレビも録画しておいて、朝、再生すれば問題なし。

3日続けば1週間続けるのはむずかしくない。1週間続けば、気がつくと1か月ぐらい続いていたりする。

ここまでくれば、朝早く起きることが完全に生活習慣として定着しているものだ。

朝早く起きる↓夜早く寝るというリズムができあがるにつれて、私の場合、明らかに思考がポジティブに変わっていった。

これは、脳生理学的にもちゃんと説明がつくことがわかってきた。朝、早く起きると脳内にセロトニンが分泌されやすくなる。セロトニンは別名「幸せホルモン」といわれるもので、セロトニンが増えると精神的に安定し、ポジティブになりやすいのだそうだ。

プライベートの時間を忙しさの犠牲にしない

◉元銀行マンS氏が提唱する「わが家の憲法」

「朝食は必ず家族全員で食べる」

これは、知り合いのあるお金持ちが「わが家の憲法」にしている習慣だ。

銀行マン時代の経験を生かして、今は中小企業経営者に、主に会社の資金繰りや金融機関との付き合い方についてアドバイスをしているS氏は、

「人間として、まともな暮らしをしていない人の仕事は伸びない」

と言い切っている。

この言葉は、彼自身の苦い経験からきているという。

銀行マン時代は、帰宅は午前さまギリギリが常。週末も付き合いゴルフか死んだように寝ているかの2択。同じ家に住んでいながら、ときどき、わが子が信じられないくらいに

成長していて驚くというような暮らしを送っていた。

でも、そんな暮らしでは、まともな精神状態を保てるわけがない。どんどん心がやせていくのが、自分でもはっきりわかったという。

家族とだけはちゃんと向き合って生きていきたい。そう強く思うようになったころ、子どもが中学に進み、部活が始まった。

一人娘はアーティスティックスイミング（2017年まで「シンクロナイズドスイミング」と呼ばれていた）部に入り、授業前にひと泳ぎするのだといって、朝7時には家を出るようになった。

ちょうどそのころ、経営アドバイザーとして独立したS氏。

「朝、早起きをして、6時には家族で朝食を楽しくとろう」と提案し、それ以降、朝食の時間が家族にとっていちばん大事な時間になったと笑う。

●世界一の富豪のエネルギー源とは

世界一のお金持ち、アマゾンの社長、会長、CFOを務めるジェフ・ベゾス氏も、4人の子どもたちとの朝食を何よりも大事にしているそうだ。ゆったり時間を過ごし、心ゆくまで家族との時間を楽しむ。そのため、ベゾス氏がミーティングを早朝に入れることはないという。

家族で朝食をとりながら、創造性豊かな話で心地よく刺激しあう。そんなシーンも目に浮かぶ。

ちなみに、皿洗いはベゾス氏の役割と決まっているとか。世界一のお金持ちでありながら、大事なプライベートタイムにはハウスキーパーなど交えず、純粋に家族だけで過ごしているのだ。

◉いい人間関係が成功のカギ

今の時代、刺激し合い、互いにどんどん成長していくような人間関係を築ける人のほうが、成功の可能性は断然高くなる。

なぜなら、ロボットやＡＩがどんどん発達していけば、ほとんどの作業や仕事はロボットやＡＩに取って替わられてしまう。そうなると、人に求められる最高のスキルは、人間としての感性や感情になっていくからだ。豊かな感性や感情は豊かな人間関係によって育まれるものだし、その原点に家族がある。

いい家族をもっていること。これも、お金持ちになるためにかなり重要な条件だと私は考えている。

目的地には30分以上早く着く

◉遅刻は相手の貴重な時間を奪う

打ち合わせや取材など、お金持ちと仕事をする機会が増えて痛感したのは、お金持ちは絶対に遅刻しないことだった。

「時間は、あなたの人生のお金（貨幣）である」

アメリカの詩人カール・サンドバーグはこういっている。

遅刻は、そのお金、しかも他人のお金を台無しにする。リアルにいえば、他人のお金を盗むことに匹敵するといえるだろう。

お金ならばまだしも、弁償することができる。だが、人生の貴重な時間は一度失われたら取り返すことはできない。

「時間泥棒」の罪はものすごく重いのだと、お金持ちたちは一様に、強く認識しているのである。

いや、「時間は命の一部」という言葉さえある。刻一刻、時の刻みは命の鼓動そのものだと感じることはたしかにある。

私は小心者だから、もともと遅刻はめったにしないほうだった。定刻を過ぎ、一同がズラリと顔をそろえている中を「すみません」と頭を下げ下げ席に着く、バツの悪さに耐えられないからだ。

だから、どんなことがあっても、約束の時間の30分前には指定の場所に着くように心がけている。

相手を待たせるより待っているほうが気持ちは断然ラクだ。この気持ちの余裕が、打ち合わせでも会議でも、一歩優位にコトを始めることにつながると思っている。

◉とにかくお詫び。遅刻した訳はその後で

渋滞に巻き込まれたり、電車のトラブル（最近はやたらと多いように感じられる）に遭ったりして「やばい！　間に合わない」と思ったら、その段階ですぐにメールを入れ、状況を知らせておこう。

やむを得ない理由で遅刻しそうな場合も、これは必須だ。**メールのタイトルは「遅刻します」ではなく、「大変申し訳ありません」とすること。**

あるSNSによると、このタイトルを見ると、相手は「ひょっとするとドタキャンかな?」と思う。だが、「ひどい渋滞で、10〜15分ほど遅れそうです」という文面を見て、ドタキャンではなかった。よかった、よかったと期待値の差が働いて、怒りや失望のトーンが薄らぐ効果があるそうだ。

だが、ここで一つ注意を。

渋滞や交通トラブルによる遅刻はやむを得ないし、メールを入れておいたのだから、そんなに恐縮する必要はないと考えるのは、間違いだ。どんな理由であったとしても、遅刻は遅刻。相手の貴重な時間をムダにしてしまったという事実は変わらないと肝に銘じておこう。

到着したら改めて、ていねいにお詫《わ》びする。理由はくどくど説明しないこと。いっそう相手の時間を食ってしまうことになるからだ。

◉遅刻の事情をユーモアに変えてしまったあるお金持ち

あるお金持ち（D氏としておこう）と都心のホテルで午前10時から取材開始、と約束したことがある。

前日、D氏は札幌で仕事をしていた。朝いちばんの飛行機で飛べば、余裕で10時には都心にいる。そう考えたようだが、あいにくの雪で空の便は大混乱。欠航や遅延が続き、D氏の到着も大幅に遅れた。

このときのD氏の対応がすばらしかった！

「あ、ごめんなさい。飛行機が飛ばないんですよ」から始まって、「ようやく搭乗が始まりました」「そろそろ離陸です」……と東京に到着するまで、何回も経過をメールしてきた。まるで実況中継だ。

羽田に到着してからも〝中継〟は続き、「今、ホテルに着きました」「エレベーターに乗ります」まで。

その様子はていねいとか、礼儀正しいというよりユーモラス。ようやく、D氏がラウンジに姿を現したとき、待ち受けていた私を含めたスタッフ一同、小さく拍手して迎えてしまったくらいだった。

D氏のケースはとびっきりといえるが、お金持ちの多くはユーモア精神に富んでいて、少々のことではあたふたしない。この余裕はぜひ学びたい。

仕事場までの移動時間はとにかく短く

◉お金持ちがいちばん欲しいものとは？

総資産50億円以上の国内外の大富豪にインタビューし、まとめた本に「大富豪がいちばん欲しいものはなんだ？」という謎かけがあった。

大富豪になったことがない私には、想像もつかない。

人の心だろうか。健康だろうかなどと思いをめぐらせたが、正解は「時間」。

時間だけは、お金持ちも貧乏な人もまったく分けへだてなく、1日24時間と決まっている。ムダに時間を費やせば、いくら後悔しても、取り戻すことはできない。お金で買うこともできない。

こう考えてくると、お金持ちがいちばん欲しいものは「時間」であるという答えに、心の底から納得できる。

だから、お金持ちは1分、いや1秒でも時間をムダにすることがないように行動している。その最たるものが仕事場への移動時間だ。

◉社長が住む地域が変わってきた

「田園調布に家が建つ」――かつてはそんな言葉があったが、お金持ち、端的にいえば、会社の社長が住む地域は今や大きく様変わりしている。

東京商工リサーチの「2017年全国社長の住む街」によると、社長が住む街の第1位は「東京都港区赤坂」。第2位は「新宿区西新宿」、3位は「港区六本木」だ。

社長になる人は、職場と住居が近いことを強く求めている。また、このエリアに多い高級タワーマンションが、お金持ちに圧倒的に人気が高いという理由もあるようだ。

治安もいいし、入り口にはコンシェルジェが常駐していて、ホテルのようなサービスも受けられる。眺望もすばらしい。

眼下に四方を一望できると「天下を取った」という実感があるはずだ（だから城にはだいたい、天守閣がある）。同様に、超高層マンションからの眺望は、自分が上り詰めてきた地位を実感させる効果があるのだと思う。

何よりも丸の内、大手町、銀座などビジネス中心街まで車でひと乗り。夜を楽しむ繁華街からも近い。あらゆる角度から見て利便性は最高だ。

私の知る、保険扱いなしの、つまりお金持ち御用達のドクターは、都心の超高層ビル内にクリニックをもち、自宅はそれよりさらに上層階の一角だ。彼の場合は通勤時間はほぼゼロ。エレベーターでスーッと昇り降りするだけで、自宅と仕事場を行き来している。

お金持ちたちは、こうして仕事場までの移動時間を最短に圧縮して、ウイークデーはフルに仕事をする。ゆったりとした時間を過ごしたいなら、週末は郊外や保養地のセカンドハウスに愛車を走らせる。そんなライフスタイルがお金持ちの定番になっているのだ。

何となくのステータスより利便性を重視する

◉「都心に住め」と忠告してくれた先輩

お金持ちへの道を進もうと思うなら、仕事場までの移動時間を最短に縮めることを、ぜひ強く意識してほしい。

私が大手出版社をやめてフリーで仕事をすると決めたとき、フリーの先輩がしつこいくらい強調したアドバイスが「都心に住め」だった。

とはいえ、フリーの編集者や書き手が港区・中央区・千代田区の都心3区に住むのははっきりいってムリ。ハードルが高すぎる。だから、先輩も「できれば山手線の内側に住みなさい」というくらいのニュアンスだった。

ギリギリの山手線内だが、私はそれを守り、今も堅守している。ここからなら、たいていの場所に30分あれば行ける。

すると、1時間程度の打ち合わせが実感的に2時間少々ですみ、残りの時間はばっちり仕事に使える。片道1時間、往復で2時間となると、たった1時間の打ち合わせで半日つぶれてしまう感じになるのだ。

ちなみに、東京のサラリーマンの平均通勤時間は約1時間。理想は35分ぐらいだそうだ。ラッシュにもまれて心身を消耗することも計算に入れると、多少家賃が高いことは覚悟して、移動時間は極力時短しよう。

◉地価上昇率1位は西日暮里。そのわけは?

国土交通省は毎年、地価の目安となる基準地価を発表しているが、2018年、この基準地価が27年ぶりに上昇した。といっても上昇幅は、前年度から0・1%アップにすぎないのだが。

なかでも、上昇率第1位に輝いたのは西日暮里《にしにっぽり》。「荒川区西日暮里4-19-9」の1平方メートルあたりの地価はなんと10・1%も上昇。都心の一等地でも1年で10%以上、高騰したところはほかにないだろう。

ちなみに、上昇率の上位3位はいずれも荒川区である。これまでこの地域は、はっきりいえば人気薄。典型的な下町で「住みたい街ランキング」とは縁が遠い地域だった。

だが、ここにきて人気が高まってきた。その理由は、たとえば西日暮里から東京駅まで13分と、都心まで十数分しかかからないうえ、これまであまり人気が高くなかった分、現段階では地価も低い。

便利で安いとなれば、人気が高まるのは当然だ。

「なんとなくステータスの高そうな場所」に住むより、「時間が短縮できる場所」に住むほうが価値が高い。ようやく、時代が、時間価値の高さを第一優先順位とするところに追いついてきたのだ。

あえて話が盛り上がるところに住む選択も

◉イメージアップにつながるところに住む

住む場所選びということでいえば、相反するようだが、イメージを重視する人もいる。いずれにせよ、お金落ちになっていく人は「なんとなく」という理由で住む場所を選んだりはしない。

知人のウェブデザイナーはまだ発展途上で、お金持ちとはいいがたいのだが、彼の名刺の住所は「中央区銀座……」だ。実際の住まいは、へえ、まだ銀座にもこんなところがあるんだと感心してしまうような、銀座のはずれ。老朽《ろうきゅう》マンションが幾棟も残っている一角にある。

それでも、銀座アドレスのステータス効果は十分。何よりも、どこに行くのもそう時間がかからない。

ビジネスの場では「どちらにお住まいですか?」はよく話題にのぼる。住まい選びには仕事観や人生観がはっきり表れるからだろう。

◉遠くても会話が弾む場所とは

一方で、お金持ちには遠方に住む派もいる。

あるお金持ちの自宅は軽井沢。ここから毎日、東京に出かけて仕事をしている。

軽井沢というととんでもなく遠くに住んでいるという感じがあるが、新幹線でたった1時間。「交通費はかさむけれど、休日の快適さを思うと、それでもおトク感がある」と彼はいう。

自宅は熱海というフリー仲間もいる。彼の場合は、ふだんはウェブをフルに活用して仕事先とコミュニケーションを取っており、打ち合わせなどで東京に出ていくのはせいぜい月に2~3回だそうだ。

温泉入り放題も悪くないという。実際本気でいいなあと思える暮らしぶりだ。

「私のうちは世田谷の二子玉川なんです。学生時代にラグビーをやっていましてね。うちから車でちょっと行った二子玉川の緑地運動場では、ラグビーができるんです」

「私？　少し遠いけど、千葉に住んでいるんです。土日は会社とは反対方向に向かいます。目的はもちろんサーフィン！　今年から、小学生の息子にも仕込みはじめましてね」

こんなふうに会話が弾めば、仕事もうまくいきそうだ。

時間に句読点を打つ

◉「この仕事は何時まで」と決めてスタートする

「今日はお昼まで時間をとってあります。お話をするのは11時30分ごろまで。あとの30分間に質問してください」

仕事を始める前に、お金持ちはたいてい、こう切り出す。午前中はこの予定、というところまでは誰でもよくやることだ。だが、こんな具合に、2時間なら2時間をどう使うか、細かく配分まで考えているだろうか？

お金持ちになる人か、貧乏なまま終わる人かの違いは、ここにある。

限られた時間内で、ある程度まとまった話を聞くときには、「今日はこんなことをうかがいたい」というレジュメを作り、あらかじめお渡ししておくことがよくある。

ある不動産関係の大成功者・M氏に話をうかがったときには、あらかじめ渡してあったレジュメに、およその時間配分がメモしてあって驚いた。

1項目めは10時までに終わらせる。2項目めは……と段取りしてあり、それをガイドラインに話を進めていこうというわけだ。

取材や講演などでは、とかく配分がうまくいかず、最初のほうの項目だけで長い時間をとってしまい、肝心の山場から結論に至るころには時間切れ。話が大幅にはしょられてしまうことがよくある。

レジュメに時間配分をメモしておく。つまり、仕事を進める時間に句読点を打っておく。こうしておけば、そんな尻切れトンボにはならなくてすむ。

◉齋藤孝氏のストップウオッチ活用法

ほぼ毎月1冊のペースで新刊を発表され、次々ヒット。ベストセラーを量産している齋藤孝明治大学教授は、常にストップウオッチを持ち歩いていることで知られている。

原稿を書くときも、打ち合わせでも、スタートするときにまずストップウォッチを動かしはじめ、仕事にかかった時間を計るのだ。

すると、仕事にかかった時間を正確に知ることができる。その結果、次に同じ仕事をするときには必要な時間を予定できるし、自然に前に同じ仕事をしたときよりもスピードアップしようという気持ちも起こる。

この繰り返しで、仕事はだんだん速くなる。自然にスキルアップにもつながっていく。慣れてくると、同じ仕事を、1回目に作業したときの半分ぐらいの時間で終わらせることができるようになるそうだ。

齋藤教授の多方面での活躍ぶりは、ストップウオッチ片手の仕事術によるところが大きいのかもしれない。

朝から晩まで、あくせく働くのは×

◉ちょっとの時間も惜しんで働くのは30歳まで

お金持ちになりたい人は「とにかく働きまくろう」と考えがちだ。

少しの間も惜しんで働く。たいていの人は、これこそ成功のために欠かせない仕方だと思い込んでいる。

私もそうだった。

若いころから本当によく働く人間だった。仕事だけではなく、趣味や友人との付き合い、家事なども同様で、いわゆる〝じっとしていられないタイプ〟だったのだ。

満員の通勤電車の中でも、当時はスマホのアプリなどなかったので、小型のレコーダーで英会話を聞いていたりした。出張の新幹線や飛行機の中では、資料になる本を読んだり、企画書を書いたり、報告書をまとめたり。家でくつろいでいる時間でも、たとえばテレビを見ているときもカバンを整理するとか、明日の支度をするなど、何かしら手を動かしていた。

われながら、がんばっている！　そう思い込み、内心、自分への採点はけっこう高めだったのだが、あるとき、共に暮らす相方にズバリ、こういわれてしまった。

「本当によく働くね。……あなたの先祖は、エジプトでピラミッドの石を積んでいたんじゃないの」

次の瞬間、私ははっと気がついた。相方は、私の先祖をドレイだったといったのだ。もちろん、そこにはユーモアと、働きまくることがけっしていいこととは限らないという愛ある忠告が含まれていて、けっして不快ではなかったが。

でも、内心では大きなショックを受けていた。**一生懸命働く、ひたすら努力するというそれまでの私の価値観に「待った！」がかけられたからだ。**

そうだ、アクセク働いてそれで終わりという毎日は、いわれてみればドレイと同じだ。寸暇《すんか》を惜しんでアクセク働くのは、けっしてお金持ちにはつながらないことに気づくべきだったのだ。

人生の舵《かじ》をお金持ちへと切り替えるには、やみくもにがんばればいいという単純な考え方からは抜けだすことが先決だと痛感した。

ちなみに、あくせく暇なく働く人は、昔から、ちゃんと「貧乏性」と呼ばれている。

◉30歳までは全身全霊で仕事をする

時間を惜しんで仕事をすることを全否定するわけではない。

時間の使い方も、人生ステージの向上とともにアップグレードさせていかなければいけないということだ。たとえば受験時代とか、仕事を始めたばかりのころは、人の倍も3倍もがんばることも大いに意味があると思う。

私の知り合いの中でも、かなり上位のお金持ちに入るH氏は、本業は国際弁護士。週末は成功哲学を中心にした講演活動に飛び歩いている。

弁護士事務所があるのは九州で、毎週金曜日の最終便で東京に飛んでくると定宿の外資系の高級ホテルに陣取り（1部屋を定宿としてずっとキープしている）、週末、目いっぱい活動すると、日曜日の最終便か月曜日の朝1便で文字どおり、飛んで帰る。

このサイクルをもう10年以上続けており、本業は拡大に次ぐ拡大。事務所は敏腕弁護士を十数人抱えているほどはやっている。

副業（？）の講演活動も順風満帆《じゅんぷうまんぱん》で、講演会はいつも満員。著書も多く、どの本も版を重ねるベストセラー作家としての顔ももっている。

現在、50代に足を踏み入れたばかりでアブラの乗りきった年代だ。

そんな彼は司法試験に合格するまでは、まわりの誰よりも勉強していたという。朝、暗いうちに大学の図書館に行き、授業開始までひたすら勉強する。授業が終わると今度は夜遅くまでアルバイト。終電で帰宅するのが当たり前。

「Hはいつ寝ているんだろう、とウワサになっていたみたいですよ」

そうした時代を経て、現在のH氏があるのだろう。

H氏はこういっている。

「やみくもに勉強したり、仕事をするのは30代初めまで。30過ぎたら、自分の時間をもつようにしないと自分がなくなっていってしまう」

また、部下を1人でももつようになったら、ギリギリ自分を追い込む生活だけではダメだともいう。

「部下や同僚とはちゃんと向き合わないと、うまくやっていけない。しょっちゅう話をし、時には一緒に飲んだり食べたりを重ねて、仕事のパートナーにしなければもったいない。仲間をうまく使えば、自分のキャパが2倍にも3倍にもなるのだからね」

なるほど！　の説得力だ。

◉朝はジムでトレーニング。夜は友人との時間

H氏とは継続的に年に1、2冊本を作っている。その関係で、打ち合わせ、取材などでお目にかかる機会は少なくないが、今も早起きは変わらない。

朝イチに彼が行くのはホテル内のトレーニングジム。毎朝、きっちり体をイジメて、す

っきりとした体つきを保っている。

夜は、九州でも東京でも完全にオフで、友人らと食事を楽しむ。最近はコンサートにはまり、東京でないと聴くことができない演奏会によく足を運んでいるそうだ。

「今は、アイツはいつ仕事をしているんだといわれているんじゃないかな」

とH氏は笑うが、もちろん、大車輪《だいしゃりん》で仕事をしている。週末に集中的に人に会うこともあり、アポイントメントは目白押しだ。

だが、ちっとも忙しそうに見えない。オン・オフを使い分け、メリハリをつけて時間を使っている。そんなライフスタイルが、彼のお金持ちオーラにいっそう拍車をかけている。

時間を自由に使いこなす

◉社員なし、事務所なし。仕事は午前中だけで年収数億円

たくさんのお金持ちと出会ってきたが、T氏のような人は初めて。以降もいない。

T氏は30代に足を踏み入れたばかり。中学生のころ、親の離婚でやる気を失い、高校の偏差値は35と最低レベルだったという。だが、大学には行きたいと思い、猛勉強の結果、一流私大に合格。勉強グセにはずみがついたのか、在学中に公認会計士試験に合格。就職先は、世界一の会計事務所だった。

だがここで、モーレツに働いている先輩や同僚を見て、その生き方に疑問を抱く。そのうえ、そうして働いても年収は最高で2000万～3000万円程度。

T氏の理想は、もっと自由に仕事をして、もっとお金持ちになりたいということだった。けっしてモーレツに働いて……ではないことに注目したい。

結果、会計事務所には3年勤めただけ。人もうらやむ職場に辞表を出すと、起業を目指す人にアドバイスする仕事を始める。

自分の頭と経験だけが元手というビジネスで、またたく間に多くのクライアントを引き付けて、現在T氏の年商は2ケタ億円。彼の年収も億単位だ。

住まいは都心の超高層マンションの最上階。だが、事務所も兼ねているから、経済効率は悪くない。ついでにいえばスタッフもいない。

T氏の話を聞いて私が衝撃を受けたのは、「できるだけ仕事の時間は少なくしたい」という発想だった。

これまで出会ったお金持ちたちは、少なくとも、T氏の年頃には眠る時間を惜しんで仕事をするのを当たり前だと考えていた。だが、彼は、もち時間のほとんどを仕事で費やすような生き方を否定するところからスタートしたのだ。

T氏は、お昼すぎには仕事を切り上げ、天気がよければ愛車のスーパーカーを走らせて、河川敷のドッグランで愛犬と最高に楽しい時間を過ごしている。

価値観は転換しようと思えば変えられる。価値観を変えれば、働き方が変わる。すると、人生が変わる。その結果、お金持ちにも近づいていく。

そんな生き方が実際にあるのだ。

◉「今」できることを「今」する

あるお金持ちのビジネスマン、G氏と打ち合わせをしていたときだ。

「あ、そういう人なら、ご紹介できますよ」

たいていの場合、「そのうち、お引き合わせの席を設けますよ」などといって、その日はお開きになる。

だが、お金持ちは、なんでも「今、そのときに」やることを習慣にしている。

G氏もそうだった。打ち合わせの最中にスマホを取り出すと、目の前で相手を呼び出し、2、3分後にはもう紹介の段取りをつけていた。

時間は刻一刻と刻まれてはいくが、いつまでも続いていく……と、たいていの人は考えてしまう。

だが実際は、時間は今、この一瞬でしかない。

お金持ちはそんな時間の特性を、ちゃんとわかっているのだ。

「今度やる」「そのうちやる」といった時点で、実行する機会も、気持ちも失われてしまう。

それが現実だ。

「今度とオバケは出たためしがない」

というくらいで、やると決めたら今すぐ行動に移すようにしよう。ちょっと手をつけるだけでもいい。半歩踏み出せば、自然に次の一歩が踏み出せるから。

アマゾンの先住民は「明日の約束はできない」というそうだ。今、この瞬間だけを考えて生きているからだ。

「だが、百年後の約束ならできる」ともいうと聞く。今、この瞬間を生きることが遠い将来につながっていくのだということをちゃんとわかっているのだ。

成功したい、お金持ちになりたいと思うなら、やろうと思ったそのときにすぐにやることを、今、この場で自分に約束しよう。

時間は買えることを知っている

◉大きな成功を収める人は、他人の時間を買う

お金持ちにもいろいろなタイプがいる。私がもっともあこがれるのは、適度に仕事をして適度に楽しんでいる、余裕しゃくしゃくとしたお金持ちだ。

前に書いた、国際弁護士H氏はその典型だ。

弁護士と講演や執筆という二足の草鞋《わらじ》をはきながら、けっこう旅行もしていれば、家族と観劇や音楽会を楽しんだりしている。

いうまでもなく、彼だって与えられているのは1日24時間だ。なぜ、彼はそんなにも時間に追われず、悠々と、マルチな人生を実現できるのだろう。

思いきって、その秘訣を聞いてみたところ、H氏の答えはこうだった。

「時間は、買うことができるんですよ」

どういうことだろうか。

彼いわく「自分の分身といえるくらい信頼のおける人に、仕事のパートナーになってもらう。そうすれば、彼の時間も自分の時間と同様になる」とのこと。もちろん、パートナーにはその分のお金は支払う。

これが時間を買うということだ。

考えてみるまでもなく、ほとんどのお金持ちは大きなスケールで仕事をしている。仕事の規模が大きくなればなるほど「1人ですべてを」行うことはムリになる。

ということは、他人の時間を買って仕事を拡大し、手にするお金も増やしていった人たちなのだ。

何もかも自分で抱え込もうとしている間は、スケールの大きいお金持ちにはなれない。大きく成功したいなら、人を信頼し、人に任せることを覚えていかないといけないことを肝に銘じておこう。

◉所ジョージさんに学ぶ究極の成功とは

「究極の成功とは、自分のしたいことをする時間を、自分に与える贅沢である」

アメリカで最も成功したといわれるソプラノ歌手の言葉だ。

そういえば、所ジョージさんもこんなことをいっている。

「やりたいときに、やりたいことができる、これ以上の幸せってないよね」

所ジョージさんも芸能界では指折りのお金持ちだが、好きなことを好きなようにしながら、仕事もなんだか楽しそうにやっている。フォーク歌手、コメディアン、タレント、司会者、ラジオパーソナリティー、シンガーソングライター……と手当たり次第。

趣味もバイク、自動車、モデルガン、模型づくり……とさまざまだ。

だからといって、シャカリキになってやっている感じはまったくなく、ちゃらんぽらん、いい加減ふう。でも、なんだか芯《しん》を感じる。

脱ドレイに成功し、本当に自分自身が望む生き方を実現して、お金持ちといってもギラギラしていない。

私もこんなお金持ちライフを送れたら、とあこがれている。

第3章

「お金の本質」を理解しなければ成功はおぼつかない

§

「リーズナブル」の意味を知っているお金持ち

お金がなければ何も始まらないと意識している

◉古典の授業で習った「それもそうだが金がなければ」

高校時代、ある教師がこんなことをいった。

古文の授業中、平安時代の和歌についての講義を受けていたときだった。

「日本の和歌はほぼすべて、もののあはれについて詠《よ》んでいます。人生のはかなさ、あわれさが底流にあるんです」

そこまでは10代の私にも、納得できた。

だが次に、この教師は突然、こんなことを言い出した。

「どんな和歌にも、『それもそうだが金がなければ』という下《しも》の句をつけると成立するんですよ」とつけ加えたのだ。さらにこうも続けた。

「『それにつけても金の欲しさよ』も、どの歌にもつくんですよ」

教師はなおも続けていく。

「たとえば、ですね。『いつとなく　心そらなるわが恋や　富士の高嶺《たかね》にかかる白雲』。これを、『いつとなく　心そらなるわが恋や　それもそうだが金がなければ』。ほら、ちゃんと歌になるでしょう？」

と例さえ挙げてくれたものだ。

この授業は私だけでなく、クラスメートの間にもけっこうインパクトがあったようで、その後ずっと付き合いが続いている友人とも、ときどき、この授業の話で盛り上がったほどだった。

その後の人生で、友人も私も「それもそうだが金がなければ」、あるいは「それにつけても金の欲しさよ」と、しみじみ思うことが幾度となくあったからだ。

それにしても、なぜ、この教師は授業中に突然、こんなことを言い出したのだろう。今になって思えば、当時、この教師は住宅ローンか何かでよほど頭を悩ませていたのかもしれない。

それはともかく、高校時代に、こうした〝教え〟を得たことを、私は本当に幸運だったと思っている。社会や人生は甘い夢だけでは生きていけないということを、しっかり教えられたからだ。

◉子どもはお金の心配なんかしなくていい？

お金持ちが子どもにどんな「お金教育」をしているかというと、どうも、大きく二つに分かれるようだ。

一つは、すでにお金持ちになっている親は、自分がしてきたような苦労を子どもにはさせたくないと思うのか、子どもにはお金の話はしない。

もう一つは、子どもにもお金のことをしっかり教えていくタイプ。この二つだ。

結論を先にいうと、現在の社会では、お金なしでは生きていけないということはちゃんと教え込んだほうがいい。いや、教え込まないと、その子はお金持ちにはなれない。お金の話といっても、どうすれば儲かり、お金を手に入れられるか、というような込み入った話でなくていい。

知り合いのFさんという女性は、小規模ながら、もう30年近く自分が起こした会社を経営しているキャリアミセス。つまり、バブルだのリーマン・ショックだのの景気の荒波を乗り越えつつ、今も立派に会社を続けているのだから、えらい。

一人娘がいるが、その子が小学生になると、Fさんは毎月、生活費の総額を一度現金に換え、娘さんの前に並べて見せていたという。

「パパとママが毎日お仕事をして、うちにはこれだけお金があるの」

それから、家賃にいくら、車にいくら、学校に支払うお金、お稽古ごと、もちろん、電気やガス、食費なども次々、並べたお金から取り去っていき、「こんなにいっぱいお金があっても、こうやって使っていくとなくなっちゃうのよ」と説明し、**生活していくにはお金がかかることを理解させるようにしていた**という。

そのためか、娘さんが幼いころ、お店で1枚のお札を渡してお釣りにいくばくかの小銭をもらうと「お母さん、お金が増えてよかったね」というのだと、苦笑していたこともあった。

そんな娘さんは、今では外資系のエリートキャリアウーマンに。専門的なスキルを発揮してしっかり働きながら、3人もの子どもを育てている。Fさんによれば、かなりの高年収を稼ぎ出しているという。

◉子どもだって、お金のことが気になって仕方がない

商売をしている家の子どもは、お金に対しては「しっかり者」に育っていくことが多い。小さいころから、親がお客に頭を下げている姿を見て育っていくからだ。

業種にもよるが、朝早くから夜遅くまで、父親も母親もお店第一にやっていて、それで暮らしが成り立っていくこともなんとなく見聞きし、感じ取って育っていく。こうした環境から、お金というものは簡単に手に入るものではないことを、自然に学んでいく。

一方、サラリーマン家庭で育つとしよう。

特に、収入に余裕があるサラリーマン家庭で育つと、お金のリアルについて見聞きする機会もなければ、お金はATMで引き出すだけなので、いうなれば〝お金の無風地帯〟で育っていく。

お父さんは毎日、とにかく急いで会社に向かい、夜、疲れた顔で帰ってくる。お母さんは家事やら何やらで忙しそう。でも、お金はどんなふうにすれば得られるのか、さっぱりわからない……。

お金のことは気になるけど、子どもながらに、お金のことは親に聞いてはいけないと気を使い、結局、何もわからないまま大人になっていくのだ。

◉家庭でお金の話をしないと、どうなるか

私は後者の家庭で育ってきた。豊かな家庭というほどではなかったが、普通に暮らして

いく限り、お金に窮《きゅう》するというほどでもなく、お金に関しては無関心というより、無知識で生きてきてしまった。

たとえば老後、父が働かなくなった後、両親がどうやって暮らしていたのかということさえ知らなかった。

その結果、きわめて無防備に年を重ねてきてしまい、老後が視野に入ってくると、にわかに不安になってきている有様だ。

しだいにわかってきたのは、紆余曲折《うよきょくせつ》あった両親は充実した年金があったわけではなかったが、若いときに小さな不動産を買っていて、そこから上がる収入で、私の目から見ると、大きな不安もなく老後を暮らしていたようだ。

これは、父が軍需産業に勤めていて、戦争終了とともに完璧に失業した経験から得た知恵だったのだろう。

もし親が、私が大人になってからでもいいから、「生きていくにはお金のことをしっかり考えていないと大変だよ」というような話をしていてくれたら、と自分の無防備さを棚に上げて、お金についての話をあまりしなかった親を恨《うら》むことさえある。

そんな経験もあって、切に思うのだが、子どもが小学校高学年くらいになったら、わが家のお金の話をしたほうがいいと思う。

月のやりくりまで細かくなくてもいいが、家を買うとか、家族で旅行をする、ペットを飼うなどの一大イベントのときがチャンス。

「お金がいっぱいかかるんだよ。でも、お父さんもお母さんもがんばって仕事をしてきたから、大丈夫だ」

というような説明くらいはしてもいいのではないか。

お金持ちの家庭のお金教育とは

◉10歳から株式投資をしていた村上世彰氏

日本を代表する投資家であり、ファンド運営者としても名を馳せた村上世彰《よしあき》氏は、常々「僕はお金が大好きです」と言い切っておられる。

推定だが、現在の資産は２００億円。投資の利回りだけで年収数億円はあるだろうと、もっぱらのウワサだ。

村上氏の投資歴は、なんと小学生のころから始まったというから、筋金入りだ。父上は台湾人で日本に帰化。貿易業を営んでいたというが、すごいお金持ちであったことは間違いない。

村上氏が大学生のころ、父の所有する高級マンションからポルシェで通学していたのは有名な話だ。もっとも、このポルシェ、彼自身が〝稼ぎ出した〟ものだというウワサもある。

村上氏が10歳のときに、父から大学を出るまでのこづかいをいっぺんに渡され、そこから先は、村上氏本人がそのお金で株式投資で増やした。最初の投資は10歳のときだった。その後、彼は毎日、日経新聞や『会社四季報』なども読み、お金についてたくさん勉強したそうだ。

灘《なだ》校→東大と超エリートコースをまっしぐらに進んだ村上氏だが、大学卒業のときには小学校のときにもらったお金は、100倍くらいに増えていたというからすごい。

一説によると、10歳でもらったお金は100万円だったそうだ。その100倍というと1億円。社会人になるとき、すでに1億円もっていたなんて、すごすぎる！

◉「お金を働かせること」を知っておく

前にも書いたが、私の父は軍需産業に勤めていて、戦後は失職。「寄らば大樹の陰」から放り出されたわけだ。

そうした経験から、父は子どもたちには「寄らば大樹の陰」よりも、自分のチカラで生きていけるように育ってほしかったようだ。

当時、世間的には、子どもの前ではお金の話をしないうちが多かったと思うのだが、父は違った。子どもが大学生になると、子どもそれぞれに有名企業の株を、1000株程度譲ってくれた。

「それを運用して4年間のこづかいを稼ぎ出すように」とでもいってくれれば、私も弟たちも村上世彰氏の足元くらいまではいけたかもしれない。だが、わが家の場合はそうではなく、ただ、株を保有させただけだった。

それでも、そのおかげで、大学時代から経済ニュースをよく読んだりテレビを見たりするようになり、実際の会社の業績と株価の動きなど、社会のお金の動きに敏感になる素地はできたと思っている。

特に大きかったのは、「お金に働かせる」という発想を教えてくれたことだった。

前述したように、**お金持ちの家に生まれてその資産を受け継ぐ以外でお金を得るには、自分で働いて稼ぐ方法と、投資などをしてお金に働いてもらう方法しかない。**

どんな人も体は一つ。1日は24時間だ。だから、自分で働いてお金持ちになるという道しか知らないと、当然、限界に突き当たる。

だが、お金に働いてもらう道も知っていると、お金持ちになる可能性が開けていき、仕事を選ぶ場合も余裕をもてるようになる。

お金は、お金を愛してくれる人のところへ集まる

◉お金は1人でポツンといるのが嫌い

前出の村上世彰氏の父上は、「お金はさびしがりやなんだ」としょっちゅう口にしていらしたそうだ。

その本意は、お金は1人でポツンといるのが嫌い。仲間のいるところに行きたがるということだ。だから、仲間を集める（お金を貯《た》める）と、仲間が仲間を呼んで、どんどん増え

ていくんだ、と教えていたという。

世彰氏は、物心つくかつかないうちから、こういうことを教えられて育った。長じて、国際舞台でどんどんお金を集め、お金を育てる一流の投資家になったのも、当然の結果だといえるだろう。

別のお金持ちはこういっている。

「お金はさびしがりやだから、いつもお金のことを考えてくれる人のところにいたいと思っているんですよ」

つまり、お金は、お金に対してたっぷりの愛情を注いでくれる人のところに行きたい、いたいということだ。

◉「今日いくら使ったか」把握していますか

コンビニやATMからお金を引き出すと無造作《むぞうさ》にサイフに入れ、もちろん必要に応じてだが、どんどん使っていく。

ときどき、これが最後の1万円札だとわかって、「あれ、もう、こんなに使っちゃったのか」と驚くことはないだろうか。

私はある。それもしょっちゅうだ。

私の場合、それだけお金の使い方が大ざっぱ、ズサンなのだと反省している。

家計を預かる立場なら、できれば毎日、おおまかな買い物はメモするなどして、今日はどのくらいお金を使ったかを、おおよそ把握しておくようにするといい。

お金持ちにもマネークリップを使っている人がいるが、支払うときに、残りの紙幣を素早くチェックしているようだ。

フリーランスで収入の時期も額も不定期的な私は、家計簿はつけていないが、大きな出費は手帳に記録している。

細かいことは苦手なタイプなので、たとえば、本3冊＝5500円というような大ざっぱさだが、それでも、記録を始めてから、毎月、あらかじめ設定してある予算枠でだいたい暮らせるようになっている。

こうした習慣がつくと、家計管理ができるというより、お金の使い方がしだいにうまくなってくるような気がしている。メモをしながら、どこかで、「これは生きたお金の使い方だった」とか、「これは買わなくてもいいものだったな」という意識が働くからだ。

愛するお金だ。大事に、意味ある使い方をしていこう。

ふだんからちゃんと意識してお金を使っていく。ここまで愛情たっぷりにお金と向き合えば、お金は再び、ちゃんと戻ってきてくれる……と期待できるのではないか。

お金は、使って初めて価値を発揮する

◉お金は使えば使うほど増える

お金持ちの話といえば、今や、ZOZOタウンの前澤友作氏を避けて通ることはできないだろう。間違いなく、日本で有数の大金持ちだ。

だが、前澤氏は「いつもお金はない」とケロリといってのける。実際「お金はいっさい貯めない」のだそうだ。

毎年、株の配当収入だけで約35億円もあるというのに、なぜ、お金がないのだろう。答えは呆《あき》れるほど簡単だ。

「欲しいものがありすぎて、次から次へと買っちゃうんですよね」

前澤氏の欲しいものとは、現代アートや骨董品、家具、車など。

一方、金融商品や不動産投資、仮想通貨などお金を増やすことにはいっさい興味はないそうだ。

お金を貯めようと思わない。手元にあるお金は自分が好きなこと、自分がエキサイトすることにきれいさっぱり使ってしまう。

これはお金持ちになってからのことではなく、高校生のころにも、アルバイトで得たお金は全部、レコードや楽器につぎ込んでいたという。

好きなことにお金を使う。そのエキサイトした気持ちをエネルギーにして仕事に立ち向かっていけば、使ったお金以上にお金を稼ぐことができる。

レコードや音楽に夢中になり、そのネット通販から現在のＺＯＺＯタウンのビジネスモデルが芽生えたことは、有名な話だ。

最近、バスキアの絵を１２３億円で買ったことがニュースになったが、この無謀ともいえるお金の使い方で、ＺＯＺＯの名前も前澤氏の名前も世界的に広がった。１２３億円を使ったことで、ＺＯＺＯの世界的進出の壁は取り払われたといってもよいだけの効果を得たわけだ。

だが、前澤氏にそんな打算はこれっぽっちもなかった。

結果論だが、思いきってお金を使ったことで、前澤氏はさらに大きなビジネスチャンスを得られる可能性を手に入れたのだ。

お金は使えば使うほど増える。

これは前澤氏の好きな、自作の金言《きんげん》だそうだ。こうしてみると、たしかに説得力に満ちている。

◉「思い切って全額使ってみろ」

前澤氏は社員にはよく、こう話すそうだ。

「とにかく、今、自分が使える限界までお金を使ってみろよ」

10万円稼いだとしよう。でも、そのうち1万円しか使わなかったら、自分が想像できる範囲内の体験しかできない。

だが、10万円稼いだその日に10万円全部使ったら、それは今までにない体験になる。

その体験は必ず、これまで知らなかった世界を見せてくれる。新しい体験になる。その体験が自分の成長の糧《かて》になり、新たにお金を稼ぐチカラになっていく。

前澤氏はそういいたいのだ。

こづかい制度から抜け出す

◉自分が得たお金は自分で管理する

前澤氏の話の後に、サラリーマンのこづかいについてと話は突然、みみっちくなるが、私は前々から、日本の男性が「妻からこづかいをもらう」というシステムに憤懣《ふんまん》やるかたない思いを抱いている。

「たまには上ランチを食べたいけど、オレのこづかいじゃあちょっとムリだな」

「もう一杯、行きたいけど、来月のこづかいをもらうまではじっとガマンだな」

昼の定食屋や夜の居酒屋で、こんな声を聞くことは珍しくない。

だが、この言葉をもしも外国人が聞いたら、頭の中に?マークがいくつも点滅するはずだ。

世界広しといえども、日本の夫たちのように、サラリーをすべて妻に渡してしまい、働いた当の本人である自分はこづかいをもらうという、奇妙なシステムをとっているところはないはずだ。

今や日本でも2組に1組は共働きという時代になっているが、かなりの割合で、2人の収入を妻が受け取って、夫にこづかいを渡すという形をとっているのではないだろうか。**だが、自分が働いて得たお金はあくまでも自分のお金だ。そう考えるほうがずっと正しく、健全だ。**

家庭をもてば、それなりの生活費が必要になる。子どもがいれば、子どもの教育も夫婦の共同責任になる。

だからといって、夫のお金をすべて巻き上げ、そこから奥さんが夫に「こづかいをあげる」。こんなシステムを甘んじて受け入れてはいけないのだ。

共働きなら双方で家計費を出し合って、残りはそれぞれが管理する。専業主婦の場合でも、夫は生活費は負担する。でも、残りは自分で好きなように使う、という形が自然だし、当然だという認識をもってほしい。

日本の夫たちは、もっと自分が稼いだお金にこだわりをもつべきなのだ。

自分が働いて得たお金は原則、全部、自分のお金だと言い切るぐらいの気概をもってほしい。

家族の暮らしはオレが守る！　という気持ちは、一家の大黒柱に力強さを与えてくれるはずだ。

お金持ちになるにはこうした強い思いと同時に、自分自身への自信が必要不可欠である。全額を妻に差し出すのでは、自信はどこかに消えてしまうのではないだろうか。

◉こづかいの平均「約3万7000円」という現実

しかも、そのこづかいの金額が、正直、かなり厳しいというもう一つの現実についても考えてみよう。

新生銀行の調査（平成29年度）によると、サラリーマン（男性会社員）のこづかい額は3万7428円。前年よりマイナス44円。なんと1979年の調査開始以来、過去2番目に低い金額だそうだ。

しかも、このこづかいには、昼食代も含まれているというから泣けてくる。

収入は伸びない。だが、子どもが成長してくるとどうしても必要なお金は膨らんでくる。そんなとき、奥さんはいとも簡単に、「あなたのこづかいを減らしてね」といってくる。

厳しい現実はわかるが、ある程度自由になるお金をもっていないと、人はだんだん縮こまっていってしまうものだ。

利口な奥さんなら、夫のこづかい削減に向かわないで、ほかになんとか家計費をスリム化する方法をぜひとも考えてみてほしい。

もちろん、理想論であることはわかっているが、月4万円そこそこのこづかい。この中でお昼も食べれば、帰りに一杯のお金もやりくりする……という日々からお金持ちへと飛躍していくこととの間には、かなりの隔《へだ》たりがあると思う。

少なくとも、子どもの塾代など、出費が増えることになったとき、「あなたのこづかいを減らしてね」は禁句にしよう。

外に出て仕事をする人にとって、こづかいは軍資金という面も兼ね備えている。軍資金が乏《とぼ》しいと堂々と戦はできない。

何よりも懐《ふところ》が寒々しいと、人は自信がもてない。

お金持ちになる第一歩は自信をもっていること。自信に満ちて堂々と振る舞っているとだんだん大きなことができるようになり、しだいにお金持ちに近づいていけるという自信がさらに湧いてくる。

こうした自信の相乗効果は、けっしてバカにはできないものだと思う。

こだわりのあるお金の使い方をする

◉モンブランのボールペンvs100均のボールペン

十数年前、「中卒社長」と呼ばれてメディアを騒がせた、ある社長の本作りに関わったことがある。

10代でやんちゃをしていたため、学歴は中学まで。大工の棟梁《とうりょう》に拾われて改心、弟子入り3年後の18歳で独立。それからはとんとん拍子で仕事を成長させ、40代になるころには全国にネットワークを広げる住宅メーカーに育て上げたという傑物《けつぶつ》、I氏だ。

月1回ペースの取材のたびに、「ウマを買った」とか「クルーザーを買った」という話が飛び出し、帰途、出版社の人とはよく「彼ぐらいになると、こづかいが億単位なんだね」と話していた。

やがて仕事が終わり、本が完成したとき、I氏は私たち2人に「お礼に」と小さな箱を差し出した。開いてみるとモンブランのマイスターシュテュック。モンブランのボールペンの中でも最高級クラスで、軽く10万円以上はするというものだ。

ていねいに、それぞれの名前まで彫り込んでくださったのには、いっそう感激した。

だがそのとき、私は恐縮しながら、その一方で心の中で赤面していた。

私はボールペンといえば100均。取材ノートも100均。「書ければいい」「メモができればいい」と機能本位といえば聞こえがいいが、本心は「しょっちゅうなくすから100均で十分」という安易な選択をしていた。

考えてみれば、100均がこれほどポピュラーでないころは、私もちゃんと文具の専門店へ行き、手になじみよいものを買っていた。シャープペンシルは3000円くらいのもの。ボールペンも1万円以上のクロスを使っていた。

ところが、堕落は知らぬ間に始まり、知らぬ間に進行していた。気がつけば、シャーペンもボールペンも、3色ボールペンさえも……。気がついたときには、ペンケースの中は100均ばかり。

I氏はそんな私を見て、あえて最高級のボールペンを贈り、そうした姿勢を正そうとしてくださったのか、と深読みしさえした。

このときのモンブランは、今も日々愛用している。不思議なことに、100均のボールペンはしょっちゅう姿をくらますが、モンブランはいつもちゃんと私と共にいる。

間違いなく、このペンは一生ものだ。何より、書き心地がまるで違う。さらさら流れるように書くことができ、インクがダマになることなどあり得ない。

そのうえ、人前でメモをとる私の仕事を考えれば、100均ボールペンでは自ら「100円ライターです」と〝自白〟しているようなものではないか（同業仲間では、あまりパッとしないライターを「100円ライター」と自虐《じぎゃく》気味にいうのだ）。

その屈折した気持ちは、きっと相手にも伝わってしまったのだろう。

何よりも、モンブランは取り出すたびに大きな満足感が広がっていき、その気持ちが仕事に取り組む姿勢をただし、背筋をすっと伸ばしてくれる。

◉ボールペン1本もいいかげんには選ばない

お金持ちを目指すなら、安きに流されないで、自分自身に誇りと自信をもてるレベルのものを選んで使おう。

たかがボールペン、されどボールペン。

お金持ちはボールペン1本だって、いいかげんには選ばないことを肝に銘じよう。

その後、I氏は家庭教師をつけて猛勉強し、高卒認定試験から大学を受験、名門私立大学に入学。忙しいなか皆勤賞で登校し、卒業後はさらに大学院に進んで、ＭＢＡまで取得している。

運転手つきの専用車を乗りまわす立場だから、大学の授業には車で駆け込み、授業が終わるまで運転手と車を待機させておき、授業が終わるとすぐに会社に戻る。こんなやりくりだったそうだが、それでも忙しい社長業と大学生活の両立は大変だったはずだ。

それをみごとにやり遂げたその一方で、ビジネスもぐんぐん成長させ、不動産事業のほかにホテル経営にも幅を広げ、〝中卒社長〟の肩書（？）を返上した今は、純粋にビジネス力だけでメディアによく登場している。

お金持ち度も確実にアップしていることは、いうまでもない。

リーズナブルの本当の意味を知る

◉貧乏な人に共通する「安物をたくさん買う」心理

ボールペンにこだわるようだが、もう少しだけ付き合っていただきたい。

モンブランを手にしてから、私は100均ボールペンを手にするのがイヤになってしまった。

だが当時、私のまわりにあったのは100均ボールペンばっかり。それもごろごろだ。試みに数えてみると、仕事部屋のデスクまわりだけで10本近く。ほかにも玄関においてある小さな引き出し。ちょっと何かをメモするときに便利なのだが、ここにも4本。リビングのテレビの前にも3、4本……という具合で、われながら驚いた。

最近は3本で100円のものもあるので増えに増えてしまったのだが、それにしても多すぎだ。

ほかにはハサミも10個ほど。ホチキスも5、6個。

安いからと無頓着《むとんちゃく》にお金を使うが、こうして買ったものには少しも気持ちがこもらない。だから、ちょっと見つからないとすぐに買いに行く……の繰り返し。

私ほど重症ではないかもしれないが、どうだろう。同じような人はけっこう多いのではないか。

せめて、仕事に関するものだけでも、自分が心底、納得できるものを選んで、愛着をもって長く使い込む。そんな向き合い方を身につけたい。

◉クオリティと価格のバランスがとれているか

「歩くミスター・ウン百万円」と噂されているお金持ち、W氏。彼は50代に入ったところで、と男としてはいちばんカッコいい年代だ。

しかも、「歩くミスター・ウン百万円」だけあって、上から下まで、高級品で身を固めている。たとえば、ジーンズだってグッチだから、軽く30万円はする代物だ。

東京のブランド店でしか買い物をしたことがないのに、パリのコレクションに招待されたことがあるというから、どのくらい買っているかがわかるだろう。そんなW氏は、こんなことをいっている。

「正直なところ、私が買うものはかなり高価だとわかっています。世界のブランド品を買うことも多いんですが、その理由は、ブランド品はお金を最大価値で使えるものだからです。かなり高価なものだとしても、それなりのクオリティで、絶対に価格を裏切らない。ムダな買い物や後悔するようなお金の使い方はしたくない。すると、必然的に、一流ブランドに行きつくのです」

クオリティと価格のバランスがとれていれば、それはけっして〝高価〟ではない。むしろ、リーズナブルだと彼は主張する。

リーズナブル（reasonable）とは理にかなったという意味だ。日本では、リーズナブル＝安い、という意味に使われることが多いが、本来は、価値に見合った価格、納得のいく価格という意味である。

その一方で、W氏はユニクロの愛用者でもあって、オフタイムのウエアはほとんどユニクロだという。

品質がよいこと。デザインがシンプルだから、飽きずに長く使える。着やすく動きやすい。こうして考えてみると、たしかにユニクロは非常にリーズナブルな品物を提供しているのだと納得できる。

W氏の中で、一流ブランド品とユニクロが等価値であることも大きくうなずける。

ユニクロの2兆1300億円の売り上げ（2018年度）の内訳を見ると、国内市場の売り上げより海外市場の売り上げのほうが大きい。つまり、世界がそのリーズナブルな価値を認めているのだ。

こうしたブランドこそ世界の一流ブランドにほかならず、お金を大事に使うということは、このようなリーズナブルなものを選んで買うことだと、私は考えている。

「最高のもの」を買う意味と効果とは

◉スーパーカーをポンと買った高嶋ちさ子さん

高嶋ちさ子さんといえば、ヴァイオリニストという本業と同時に、毒舌キャラの持ち主としてテレビなどで大活躍中だ。

いうまでもないだろうが、あれほどの毒舌を吐きながらテレビ番組に引っ張りだこなのは、誰もがいいたいことをズバリと口にしてくれる、その様子がいかにも小気味よく、カッコいいからだ。

その高嶋さんがさらにカッコよく見えるのは、車に乗っているときだ。

カーマニアぶりは有名で、あこがれの名車を次々乗り換えている。最近買ったのは、マクラーレンのスパイダー。スポーツカータイプの車の最高峰の一つである。街で出合ったら、誰だって思わず足を止めて見とれてしまう、そんな車だ。

もちろん、価格もすごい。高嶋さんの購入した車はざっと3000万円！

うーん、小さなマンションなら買えるかも、などと考えているようでは、あなたは間違いなく貧乏な人コースだといわれても仕方がない。

◉欲しいものは高くても買い、それにふさわしい人間になればいい!

それにしても、すごい車をポンと買えるんだなあ。いったい、どのくらいのお金持ちになれば、3000万円の車が買えるんだろう。

ある日、なにげなくテレビを見ていたら、ちょうど高嶋さんが出ていて、はからずも、その秘訣がわかった。

最近、急にブレークしたある芸人が、長年、彼を支えてきてくれた彼女に「これまでの人生では買ったことがないような最高のプレゼントをしたい」という。「ぜひ、アドバイスを」と請《こ》われ、膝を乗り出したのが高嶋さんだった。

「指輪はその日のためにとっておくとして、そうね、じゃあ時計がいいわ。時計が……」

そういうと、高嶋さんは行きつけの時計店に彼を案内した。

0がいくつも並ぶ時計を見せられ、すっかりビビッてしまった芸人さんを尻目に、高嶋さんはテキパキ話を進めていき、ついに「HUBLOT（ウブロ）」を、しかも、ペアで買わせてしまった。

彼が考えていた予算の何倍もの品であったはずだ。このときの、高嶋さんの説得がすごかった。

「買うなら思いきり高いものを買いなさいよ」

「そして、その時計にふさわしい男になればいいのよ」

なるほど。私はただただ感心し、うなってしまった。

高嶋さんをここまで成功させた原動力はこれだったのだ。

億単位の名器を弾き、何千万円もするスーパーカーを2台も保有しているなど、高嶋さんのリッチぶりはかなり有名だ。

現在の、モーレツともいえる仕事量、活躍ぶりからすれば当然と思えるが、高嶋さんは生まれついてのお嬢様ではなく、実家は貧しいわけではないが、セレブでもスーパーリッチでもないようだ。

今の暮らしぶりは、高嶋さん自身が、持ち前の強気の人生論、生き方哲学を貫いて徐々に確立していったものなのだ。

車や時計など、高級品を思いきって買う豪胆さの裏には、

「買うときは思いきって、自分のマックス以上のものを買ってしまう。そして、それにふ

さわしい自分になるよう、がんばればいい」

という「買い物哲学」がちゃんと成立していたのだ。

◉高いものほど早く決断して早く買おう

高嶋さんは、また、こうもいっていた。

「高いものを買うときほど、1日も早く買ったほうがいいのよ。そうすれば、人生で1日多くそれを使うことができる。日割りにすれば、そのほうが割安になるの」

なるほど。またしても、私は大きくうなずいた。

私など、高いものを買おうとするときほど「慎重になろう」などと利口ぶって、買うか買うまいかと迷いに迷う。でも、どんなに迷っても、欲しいものはやっぱり買うことになるものだ。人は自分の欲望にはきわめて弱い部分があり、そんなに簡単にはあきらめられないからだ。

だが、迷っていた期間だけ、それを使う期間も短くなるという事実を見逃していた。

思いもかけない高い買い物を〝させられてしまった〟芸人さんも、最初はビビッていたが、カードを切った後は妙にすっきりした表情になり、「なんだか、自分が大きくなったような気がします」といっていた。

一部始終を（テレビで）見ていた私は、お金には、人を大きくも小さくもする、そんなチカラがあるのだと深い教えを得た気になっていた。

50歳まではお金を貯めようとしない

◉20～30代から老後貯金をする人たち

最近は、若い世代、なかには就職したその年から、お金をしっかり貯め出す人もいるそうだ。

「私たちが老後になるころには年金なんてゼロ。頼りになるのはお金だけ。とにかくしっかりお金を貯めなければ」ということらしい。

だが、知り合いのファイナンシャルプランナーはこういう。

「20代から老後のためにお金を貯める人は、けっしてお金持ちにはなれない」

その最大の理由は、変わるのは、社会保障の仕組みだけではないということだ。

これからの社会は、今までのように、最初勤めた会社に定年までいればなんとかなるというわけにはいかなくなるだろう。

社会はめまぐるしく変わり、会社もどんどん変わっていく。逆にいうと、変わらない会社は生き残れない。こうした変化に対応できるように、これから先は、何よりも自分自身にチカラを蓄えておくべきなのだ。

ちなみに、20~40代の貯蓄の実情はといえば、貯蓄ゼロがけっこう多く、2018年5月現在、20代では35・6%、30代では33・7%、40代では33・7%。

貯蓄額の中央値は20代以上の家庭で77万円、30代で200万円、40代で220万円。ついでに50代、60代の数字も紹介しておくと、50代では400万円、60代で601万円だ（金融広報中央委員会「家計の金融動向に関する世論調査」（2018年5月）。

平均額は高額預金者の数字に引っ張られるため、調査データを順番に並べたとき、真ん中にくる「中央値」を使っている。

◉最もたしかな老後の備えとは

将来、お金持ちを目指すなら、いっそう、ほかの人よりはるかに優れたものを身につけておきたい。スキルなどといわず「優れたもの」といったのは、社会が求めるスキルそのものも、どんどん変わっていく可能性が高いからだ。

お金を貯めるより、若いときに本を読んだり、すばらしい音楽を聴いたり、いろいろな人と出会ったり、海外にどんどん出かけて多様な文化と出会ったり、思い切り遊んだりして、多角的に考えるチカラや積極的な行動力を身につけていこう。

貯めるお金があるなら自分自身に投資し、自分の内面を豊かにしておくほうが、ずっといい結果になるはずだ。

こうして人間力を蓄えておけば、40代以降になって仕事を大きく伸ばすことができたり、60代、70代になっても自分のフィールドで仕事を続けられ、経済的にも、精神的にも豊かで余裕のある人生を歩んでいけるだろう。

私の知人のフリーライターは、若いころは、いったいいつ仕事をするのだろうというほど、世界各地を旅ばかりしていた。その旅が彼自身の〝蓄え〟になって、そろそろ70代後半という年齢だが、今もあちこちから引っ張りだこで仕事をしている。

お金持ちといえるほどの蓄財はないかもしれないが、元気で、好きな仕事ができて、そこそこお金も稼いでいる。

最高の生き方ではないか！　これからのお金持ちにはこんな生き方も含まれると、私は彼を大いにリスペクトしている。

「いい借金」と「悪い借金」の違いを知っている

◉借金できれば、自信と誇りをもっていい

私が出会った数多くのお金持ちたちは、ほぼ例外なく〝借金じょうず〟だ。

お金持ちになる人は、借金をネガティブにとらえず、将来の成功を確かなものにする手段だと考えている。

起業したことがある人は、起業の第一歩は、銀行からお金を借りられるかどうかにかかっていることを痛いほど経験していると思う。

銀行はさすがにお金のプロフェッショナルで、会社を始める資金を融資するかどうか、事業を続けていくための資金を追加融資するかどうかを、鋭い目でチェックしている。「借金ができるかどうかで実力がわかる」とよくいったものだ。

銀行との付き合い方を軸に経営アドバイザーをしている知り合いは、こういう。

「テレビドラマなどで、銀行が中小企業の敵のように描かれることがありますが、私の目から見れば、融資が下りない場合や、返済をきつく迫られるのは必ずしも銀行側の事情だけではありません。銀行はお金のプロフェッショナルです。貸していい相手とそうでない相手は相当、シビアに見分けるものですよ」

貸したお金が焦げ付けば、いちばん被害を受けるのは銀行なのだ。だから、融資前のチェックはいやがうえにも厳しくなる。そこをくぐり抜けて「借金できた」のだとしたら、融資しても大丈夫と太鼓判を押されたのだ。

最近は、担保となる不動産などがあるか否かと同時に、経営者のやる気や人柄、ビジネス内容がユニークで有望かどうかをしっかりと見定めるようになってきているという。

つまり、融資を受けられたなら、あなたのビジネスプランやあなた自身がプロフェッショナルから認められたのだと、大いに自信をもっていい。

◉借金を返しながらチカラをつけていく

「借金をすれば必ず返済しなければならない。だから、それまで以上に必死でがんばるんです」

あるお金持ちから聞いた言葉だ。

わき目もふらず懸命に働いているうちに、自然に鍛えられていき、借金を返し終えるころには一回りも二回りも成長し、チカラをつけている。

「借金には、そんなチカラもあるんですね」という言葉には、圧倒的なまでの説得力がこもっていた。

かのスティーブ・ジョブズは、PC技術に天才的なひらめきをもつと同時に、お金を集めることにかけても天才的に長《た》けていたそうだ。

やりたいことがあり、やり方も見えている。でも、お金が足りない。それならお金は借りてくればいい。そう豪語していたそうだ。

「無借金経営こそ理想的」だと思い込んでいる人は少なくないが、これは大間違いである。銀行などからお金を借りてチカラを増し、事業を大きく育てていく。これが経営というものだ。

お金持ちになりたいなら、借金をネガティブにとらえてはいけない。

孫正義氏を成功に導いた借金

◉あの借金ができなかったら、ソフトバンクはなかった！

日本一のお金持ち・孫正義氏は毎年、「恩人感謝の日」を設け、創業時にお世話になった人を想い、仕事を休んで心からの感謝をささげるとともに、それぞれに胡蝶蘭《こちょうらん》などを送っているそうだ。

彼が感謝をささげる恩人は6、7人いるようだが、その名前などは明らかにされていない。だが、孫氏のこれまでの軌跡をたどっていくと、うち何人かが浮かび上がってくる。その多くは創業時、資金のめどが立たなかったときにお金を融通してくれた人たちだ。

第一に名前が挙がるのは、シャープの元副社長・佐々木正氏だ。まだカリフォルニア大学バークレー校の学生だった孫氏が「音声機能付き自動翻訳機」を開発し、それをシャープに持ち込んだとき、佐々木氏がこれを1億円で買い取った話はよく知られている。

それを元にソフトバンクを創業した孫氏は、ソフトの流通業に乗り出そうと銀行に融資を依頼するが、「無名のベンチャーには1億円も貸せない」といって断られてしまう。

このとき、孫氏は苦しまぎれに佐々木氏の名を出した。

銀行はすぐに佐々木氏に問い合わせた。普通なら、「勝手に人の名を出して！」と怒るところだが、孫氏に心惹かれていた佐々木氏は、逆に「孫をよろしく頼みます」と返事をしたという。

そのおかげで融資は実現した。こうしてお金を借りることができたからこそ、ソフトバンクは現在の大企業に至る第一歩を踏み出すことができたのだった。

◉孫氏の可能性にかけた2人の人物

このとき、佐々木氏は内心、万一のときは自宅と退職金を担保に差し出すつもりだったと述べている。

無名の若者に1億円（ソフトバンクの創業は1986年だから、ざっと三十余年前のことだ。当時の1億円は現在の何十億円に当たるのではないか）を貸すのだから、銀行はそのくらいの保証を佐々木氏に求めたのかもしれない。

この融資に対して、退職金とクビをかけた人がもう1人いる。融資を実行した第一勧業銀行麹町支店の御器谷《ごきたに》正之支店長だ。

当時、支店長権限で融資できるのは1000万円までだった。しかし、御器谷支店長は佐々木氏がここまでほれ込む人物ならば、と彼自身のクビと退職金を担保にするといって本店に掛け合い、1億円の融資を実現させたのだった。

あの孫氏が、生涯の恩人として毎年、感謝の日を制定してまで恩義に感じ続けている数人のうち、2人までがあり得ない融資を実現させてくれた人たちだった。この事実を噛みしめてみれば、起業や企業の成長・拡大にとって、お金を借りられるかどうかがどのくらい大きな意味をもっているかを、わかっていただけると思う。

安易な「ちょこちょこ借金」にひそむ落とし穴

◉自分の首を絞める借金をしていないか

もちろん、どんな借金も、仕事を育て、人を育てるいい借金だというわけではない。

毎晩のように飲み歩いて「ちょっとピンチなので」とか、「連休中、旅行に行くからちょっと借りよう」などの目先の欲求を満たすためだけの借金は悪い借金で、お金持ちに向かう方向とは真逆のものだ。

ところが、最近は気軽にお金を借りられるカードローンが普及して、こうした悪い借金をする人がどんどん増えている。

カードローンは、いわゆる消費者金融ではなく、銀行などのカードでできる借金だ。必要な手続きをすれば、ふだん使っているATMからお金を引き出せるので、これが借金だという実感が乏《とぼ》しく、つい、借りてしまいがちなのだ。

金融庁の調べでは、現在、ごく一般の人の12～13人に1人がカードローンを利用している（2015年調べ）。利用目的のトップ3は、以下のとおりだ。

- 生活費不足の補塡《ほてん》…38・1％
- 欲しいもののための資金不足…28・5％
- クレジットカードの支払い不足の補塡…21・4％

借りる金額は、3分の1が1万～5万円。6万～10万円台が5分の1。つまり、ちょっと手元が厳しいから、次の給料までのつなぎという感覚の、ちょこちょこ借金なのだ。

なかでもいちばん〝悪い借金〟は「クレジットカード支払いの補塡」。

カードの支払いはある意味、借金の返済と同じだといえる。返済のために新たに借り入れを増やすことは利息を増やすだけでなく、ちょこちょこと気軽にお金を借りて当座をしのぐことが習慣になってしまう可能性が大きくなる。

◉想像以上に怖い金利の仕組み

カードローンを使う前に金利を確かめてみよう。借入金額、支払い条件などで幅はあるが、最高金利では20・0％というところもある。とんでもない高利だ。

このくらいの金利になると、ちょこっとのつもりがしだいに返済額が膨らんできて、やがてにっちもさっちもいかなくなってしまう。

家を買い替えるなどで、住宅ローンを途中で一括返済しようとしたら、元金はあまり減っていないことがわかって愕然《がくぜん》とした——。

そんな経験をもつ人は少なくないと思う。これは、毎月の返済額を一定にしようとして、元利均等でローンを組んでいるからだ。

住宅ローンには、ほかに元金均等という方式もある。こちらの方式だと、最初は支払いがキツイが、だんだん支払額が減っていき、途中で借り換えるときなどには元金が減っている。

どちらがいいかはケース・バイ・ケース、というより、借りる人の状況しだい。

いずれにしても、**大きなお金を借りるのに、金利の仕組みなどをしっかり理解していないようでは、一生かかってもお金持ちにはなれない。**

親しい人からお金を借りない。貸すこともしない

◉いったんお金の貸し借りが始まったら、友を失う

人生でいちばん大事なものは？　と聞かれたとき、お金持ちは「お金です」と答えると思っていたら大間違いだ。

お金持ちほど、人生にはお金以上に大事なものがあることをよく知っている。

その一つが、前に述べた時間であり、もう一つは人間関係だ。家族が大事であるのは当然として、仲間や友だちはお金ではけっして買えない。だから、お金以上に大事なものだ

と考えている。

ある人から「あなたには100万円、貸してくれる人がいますか？」と聞かれたことがある。うーんとうなってしまった。

考えれば、100万円をもっているだろう知人や友人は、いそうな気がする。だが、思いつく人はみな、私にとってとても大事な人たちだ。そんな人に「100万円貸して」なんていいたくない。だから絶対にいわない。

こういう場合に限ってだが、ほかにどうしようもなかったら、一時的に金融機関などからお金を借りて、なんとか急場をしのぐかもしれない。

借金したくはないが、大事な人との関係を失うよりはよほどましだ。

◉貸すのではなく、あげるのでもなく、「返さなくていい」

あるお金持ちに、同じような質問をしてみたことがある。

「大事な友だちがお金に困っている。そして、100万円貸してくれ、といってきたら、どうしますか？」

答えは「きっぱり断る」だった。

だが、相手が困っている様子が見てとれ、その金額が自分にとってなんとかなる範囲だったら、「これ、使ってくれ」とさりげなく差し出すという。

貸すのではなく、あげるのだ。

もちろん、相手にもプライドがあるだろう。ダイレクトに「あげる」なんてもちろんいわない。小切手などを封筒に入れ、「これでなんとかしのげるか?」といって目立たないように手渡すのだ。

封筒にはこんな手紙も入っている。

「期限なし。そのうちに返してくれればそれでいい」

事実上、あげるのと同じだが、「あげる」とか「返さなくてもいい」とは書かない。

なんとも心にくいやり方だ。

大きなお金を、こんな具合にカッコよく渡すことは私にはできないが、出先で昼食を一緒にしたり、軽く飲んだときに「今日はちょっと手持ちがないので立て替えておいてくれないか」といわれることがある。

こんなときは、気持ちよく「今日は私がおごるよ」というほうがいい。相手がうっかり返し忘れてしまう。そんなとき、「この間、立て替えたお金、いつになったら返してもらえるのか」などと尾を引かなくてすむからだ。

小さなお金にこだわって大事な人間関係にヒビでも入ったら、そのほうがよほどもったいない。

お金持ちは支払い方がスマート。割り勘もじょうず

◉おごり魔には小心者が多いという真理

「よおし、今日はオレのおごりだ！　みんな、じゃんじゃんやってくれ！」

こんなふうに大風呂敷を広げる人がいる。

おごってくれる人は太っ腹で気前がいい。お金持ち街道まっしぐら、という印象があるが、実際はあんがいそうではないことが多い。

「昨日競馬で勝ったから、今日はおごるよ」

「今日はキミがこのチームに参加してから、1年目の記念日だ。覚えているかい？　ささやかだけど、今日くらい、ボクにおごらせてよ」

このように、何かしら理由がある場合は別だ。

しかし、ちょっとお茶を飲んだ、ふだんのランチを一緒に食べたというだけなのに、自分のほうが年上だから、上司だから、あるいは男性だから、といっておごらなければならない、あるいは、おごったほうがかっこいいと思い込んでいる人は大物なんかではない。かえって小心者であると考えて間違いない。

小心であることを隠して、それでもおごることがクセになっている人。こういう人の心理の裏には、お金を払うことで相手より優位に立ちたいとか、相手の心をつなぎ留めようとする、ちっぽけな計算が働いていることが多いからだ。

以前は社会が年功序列型になっていて、年齢が上の人のほうが給料も多く、役職につけば多少の交際費枠が与えられていた。そうしたことから、上司や先輩は若い人におごるという暗黙の習慣ができていたものだ。

だが、時代は変わった。

職場での上下関係の差もなくなってきているし、給料も能力給の割合が増えてきていて、年齢が上、会社での立場が上だからおごる側にならなければならない――という理由はなくなった。

理由もなくおごりたがる悪癖は、早く直すようにしよう。

◉スマートで品のよい割り勘の仕方とは

お金持ちはそうした時代の変化を敏感にとらえているから、最初から、それぞれ自分の分は自分で支払うことが当たり前だと考えている。

だから、お開きとなったとき、「ここは私が……」「いや、私が……」と伝票を奪い合うような醜態《しゅうたい》は演じない。

お金持ちはどんな場合も、お金をめぐる行動が洗練されていて、スマートなのだ。

たとえば立ち去るとき、だいたい、自分の分だろうと思われる金額よりやや多めのお金をおいて、「では、また……」とだけいって、さわやかに立ち去る。

あるいは、レジで「別々にお払いします」と告げる。最近は店のほうも心得ていて、ちゃんとめいめいの分を分けて計算してくれるところが増えている。

もっとも高級な店になると、別々の支払いはお店の格に似合わない。こういう場合は腹をくってさっと立ち上がり、「今日は私が……」と支払うとスマートで品がよい。

多少の出費はこたえるかもしれないが、「できる人だな」という印象を得ることができ、それは少々のお金では買えないものだ。

文字どおり、ソンしてトクを取る。お金持ちはこういうところも実にスマートにやってのけるものだ。

「自分へのごほうび」をうまく利用している

◉車のグレードをどんどん上げていくお金持ち

あるお金持ちは、毎年のように愛車のグレードを上げている。

「1年間よく働いて、それなりの収益も出した。いわば自分へのごほうびですよ」

そういって笑う顔には屈託《くったく》がなく、今の車はベンツのハイスペックカーだが、目指すは数千万円クラスのランボルギーニだそうだ。

彼を見る限り、「自分へのごほうび」は確実に仕事をパワーアップされ、それにつられるように収入もアップ。つまりは、お金持ち度を高めるレバレッジ（てこ）になっていると見える。

「自分へのごほうび」という言葉はいつごろから使われはじめたのだろうか。記憶をさかのぼると、その発端は、アトランタオリンピック（1996年）の女子マラソンで銅メダルを獲得した有森裕子さんからではないか。

前回のバルセロナオリンピックで銀メダルに輝いた有森さんは、炎天下のアトランタでも激走。3位に食い込んだ。

このとき、ゴール後のインタビューで「メダルの色は銅かもしれませんけれども……。初めて自分で自分をほめたいと思いました」と涙ながらに語った。それからこの言葉はまたたく間に流行語となり、実際、この年の流行語大賞にも選ばれている。

同時に「自分へのごほうび」も普及しはじめ、今では多くの人の習慣の一つとして定着しているようだ。

「ご褒美に関する意識調査」（ダイドー働く大人力向上委員会・2013年）によると、女性では56・5％と半分以上が「自分ごほうび」をよく行っている。

驚いたことに、というのは差別発言かもしれないが、男性でも20代では53・5％、30代では52・2％、40代、50代でも約40％が「自分ごほうび」を行っている。

どのくらいの割合かといえば、男女とも「週に1度以上」と、想像以上にしょっちゅう、

「ごほうび」を行っていることがわかった。ただ、「ごほうび」といっても本当にささやかで、

【女性】
1位「ケーキなどのスイーツ」(82・3%)
2位「チョコレート」(58・7%)
3位「洋服」(35・2%)

【男性】
1位「ケーキなどのスイーツ」(50・0%)
2位「お酒」(46・4%)
3位「缶コーヒー」(41・5%)

といった結果に。女性より男性のほうが、さらに「ささやか」な印象だ。
「ケーキなどのスイーツ」は、ダイエットのために普段は禁じているものを「エイヤ！」と自分に許すときの「口実」にほかならないような気もするが……。

◉「ごほうび男子」vs「ごほうびしない男子」

それはともかく、この調査の結果、「ごほうび男子」は「ごほうびしない男子」よりもお

金持ちでかつモテるという結果も明らかになったというから、ちょっと驚く。

年収でいうと、「ごほうび男子」は過去3年で、合計100万円以上年収がアップした人が、「ごほうびしない男子」にくらべて2・5倍も多かったそうだ。

女性から告白された率は「ごほうび男子」は「ごほうびしない男子」の約3倍。**つまり、「ごほうび男子」は「ごほうびしない男子」よりもお金持ちでかつモテ男というわけだ。**

人間性をくらべても、「ごほうび男子」は明るくポジティブな人が多く、「ごほうび男子」の6割は「日常生活は楽しいことのほうが多い」と答え、5割以上が「自分の未来は明るい」と答えている。

ちょっとした自分へのごほうびが、なぜ、こうした大きな違いにつながるのか。

朝日大学マーケティング研究所の中畑千弘教授のコメントを参考にすれば、「ごほうび男子」はちょっとした機会やモノをうまく使って気分転換し、モチベーションをアップする、つまり、心理マネジメントに長《た》けている人たちだといえる。

調査では「自分ごほうび」をする時間帯にも触れているが、自分ごほうびを買うのは圧倒的に平日の18時以降なのだ。

そこから見えてくるのは、「自分へのごほうび」をうまく活用して、ビジネスマンにとって欠かせないスキルである目標管理、時間管理、集中力管理を行っている「ごほうび男子」たちの姿だといえないだろうか。

◉「自分へのごほうび」を乱発しない

だが、何事も「過ぎたるはおよばざるがごとし」。これは「自分ごほうび」の場合も例外ではない。

特に、「自分ごほうび」は過ぎると最悪の結果にも通じてしまうので、要注意。自分ごほうびは、行動経済学では「確証バイアス」という行為に当たるからだ。

わかりやすくいうと、自分では認めたくない行動をしてしまったとき、たとえばダイエットをしているのに甘いスイーツを食べたい気持ちを抑えられないときに、「自分へのごほうび」と称して「行為を正当化」する、つまり、「本当はいけないことを認めるための因果関係をねつ造する」ことにほかならない。

これをあまりにひんぱんに行っていると、最初に自分の意思で決めた約束事を守らなくても平気になってしまうからだ。しかも「自分へのごほうび」という語感は、なんとなくポジティブで本当は反省しなければいけない行為も認めてしまいやすい。

その結果、プラス効果よりもマイナス効果のほうが大きくなってしまう危険性が大きいのだ。

自分へのごほうびを上手に使いこなしたいなら、車を買い替える、海外旅行に行くなどごほうびをもっとランクアップし、そのかわり、2~3か月に1度とか、できれば、半年~1年に1度くらいのビッグイベントにするといいだろう。

第4章

「仕事」のしかたを変えるだけで結果は180度変わる

§

大きく稼ぐ人の意識、行動を盗め

最初から「稼ぐこと」を追求している

◉「お金につながらない」ことは仕事ではない

あるクリニックの経営者は、こう言い切る。

「私は『お金はどうでもいいんです。この仕事が好きでやっていきたいだけなんです』などという言葉を口にする人を、あまり評価していません」

画家とか陶芸家、作家志望やカメラマン志望……。こうした仕事を選んだ人の中にはそう言い切り、そのことを誇りにしている人が少なくない。

でも、そう考えている限り、陶芸家にしてもカメラマンにしても、仕事の本質を理解しているとはいえない、と私も思う。

「成功も求めていない。自分で納得できる出来栄えなら、それでいいんです」

と反論する人もあるだろう。だが、人は本質的に、社会的に生きてこそ満たされるということを見落としてはいけない。

誰かが「それ、いいね！」といってくれることがどんなに喜びをもたらしてくれるものかは、ＳＮＳ全盛の今の時代に生きる人はよ～く知っているはずだ。

仕事とは、もともと自己満足を追求して成り立つものではなく、何かを提供したとき、相手がそれを喜んでくれたり、評価してくれたりして、初めて成り立つものだ。

現代では、その評価は往々にして、お金という形になる。だから、いい仕事であれば、ちゃんとお金につながっていく、と考えていいと思う。

◉お金は二の次、という考え方は仕事にもお金にも失礼だ

「お金はどうでもいいんです。好きなことをやっていければ……」というセリフほど、失礼な言葉はないと思う。

「お金は最も公平な価値基準です」


堀江貴文氏はこういう。

私は、最近の堀江貴文氏の生き方や考え方に強く惹かれている。以前の堀江氏には反感を抱く人も少なくなかったと思うが、塀の中でよほど多くのものを得、同時に不要なものを捨ててきたのだろう。

いいたいことを歯に衣着《きぬ》せずにいうから敵も多いようだが、カチンとくるのは彼の言葉

が的を射ていて、痛いところを突かれたと思うからではないか。

堀江氏の言葉の中でも特に、この言葉には心から賛同している。

ちゃんと稼ぐということは、ちゃんと評価されるということなのだと認める素直さを大切にしよう。

「お金はどうでもいい」とか「お金が欲しくて、この仕事をしているわけじゃないんです」ということは、自分の仕事を「社会的に評価が高くない」「あまり多くの人が求めるものではない」といっているのと同じではないか。

そんな態度で仕事をするのは、自分を大事にしていないと自ら公言しているのと同じだ。

私はその点はあんがい素直で、同じように本を作ったり書いたりしている人で、すごくお金を稼いでいる人をリスペクトもするし、ひそかに妬《ねた》んでいることもある。

よく売れる本の著者は、やっぱり「エライ」！ それだけ多くの人の心をとらえていることにほかならないからだ。自分のチカラのなさが痛切に身に沁《し》みる。

このリスペクトや妬みは実はけっして否定的なものではなく、次の本こそと、私自身をかきたてるパワー源にもなっている。

「給料が少ない」とグチをいわない

◉給料のグチをいうのは、自分にツバするようなもの

自分の収入に100点満点をつけて大満足している人は、本当に少ないのではないだろうか。だが、給料は自分自身の現実であり、実力でもあるのだ。

「給料が少ない」「待遇が悪い」と口にすれば、つまりは、自分自身を否定するのと同じではないか。

現状への不満は、自分にツバするのも同じことになってしまうのだ。

不満はできるだけため込まない。これも大事なことだ。

不満をため込んでしまうと、ある日ブチ切れ、会社に辞表を突きつけたりしてすべてを失ってしまうことにもなりかねない。

今の生活は今の給料で支えられているのだ。自分も家族もちゃんとそれで暮らしているのだから、不平不満をいわないことだ。

そして、「給料が少ない」というかわりに、「今月も給料をもらえた。ありがたい」と、

ウソでもいい、ポーズだけでもいいから、感謝するほうがずっといい。感謝していると、自然に、これで十分、これでありがたいという気持ちに満たされるようになるから、世の中、捨てたものじゃない。

◉本当にイヤなら、スパッとやめちゃったら?

実は私はかつて、人もうらやむ(?!)一流会社の社員だった。

だが、ある日、すっぱりやめた。やめちゃった。

今風にいえばパワハラ。けっして尊敬できない、いや、尊敬したいとも思わない上司に従って仕事をする気になれなかったからだ。

給料は業界一といわれていて、今となっては若気の至り。本当にもったいないことをしたと、ときどき思うくらいだ。そして上司のパワハラも、今、改めて全体を見回してみると、私にも非があったと思う。

でも、当時の私は不満の塊だったのだから、やめることで活路を開くしか道はなかったのだ。

その後、少なくともご飯はちゃんと食べてきた。比較の問題だからお金持ちだとは言い切れないが、正直なところ、さしてビンボーになったとも思っていない。

それどころか、好きな仕事を好きなペースでしている。その自由さ、気持ちのよさを勘定に入れれば、「やめてよかった」のかもしれない。


◉何をしたって、自分と家族が食べるくらいはなんとかなる

今の仕事や給料をグチる人に、「そんなにイヤならやめたら」というと、「会社をやめたら生活はどうするんですか?!」と逆ギレされることがある。

やめろ、とけしかけるつもりはないが、お金を稼ぐことが最大の問題なら、ちょっと視点を変えてみるのもよい。

今は何をしても食べていける時代だ。言い方を変えれば、なんでも仕事になる時代だともいえるだろう。

いらないものや、一部のマニア向けのものなどをネットで販売する仕事で大きく儲けている人もいれば、ユーチューバーで大きく稼いでいる人もいる。ゲーマーだって大金を稼げる時代だ。

ちなみに、ゲームは今や「eスポーツ」と呼ばれ、世界では年収2億円、3億円というプレイヤーがいるというから驚く。

堀江貴文氏の主な収入源もメールマガジンとオンラインサロンで、これだけで年収は2億円近いともっぱらのウワサだ。

発想を柔軟にすれば、新たな道は必ず見つかるはずだ。

ちなみに、最近知り合った80歳近い女性は、自宅のパソコンを使って株の売買をして、その上がりでちゃんと生活している。わずかばかりの年金など頼りにしないで、こうやって暮らしている人もいるのだ。

◉その不満は、本当に給料への不満なのか

……と、勢いにのってちょっと乱暴なことを書いてしまったが、本音をいえば、安定した仕事、つぶれそうもない会社に勤めているなら、やめるのは最終手段だと考えたほうがいい。

「やめちゃったら」と書いたのは、半分は本音。だが、残りの半分は勇み足だ。

そこまで覚悟すれば、何も会社を辞めるなんて暴挙に出なくても、なんとでもなるはずだからだ。

明日、やめようと思っていれば、これまで何もいえなかった上司に、はっきり自分の考えを伝えることだってできる。

思いきって発言したら、上司のあなたを見る目が変わり、関係性が変わってきた。そんなことから不満も小さくなってきた。気がつくと、給料は変わらないのだが、グチをこぼさなくなっている……なんてこともあるかもしれない。

ちょっと回り道をしてしまったが、こうしてやっと、**お金の不満は必ずしも本質的な不満ではなかったことに気がつく**ことになる。

そういえば、お金持ちと話をしていて、グチを聞いた記憶はほとんどない。彼らはグチの本質は、自分自身が満足できるレベルに届いていない、それに対する苛立《いらだ》ちだとわかっているのだろう。

グチをこぼしたくなったら、自分自身と向き合ってみるといい。自分に何が欠けていて、何が余分なのかということがわかってくる。

そこから、新たな自分を育てていく。お金持ちはそういうことをいち早くやってきた人たちだともいえるのではないか。

心の底から仕事を深く味わっているお金持ち

◉仕事と人生が〝合体〟している

お金持ちと心ゆくまで話をする機会に恵まれた私は、本当にしあわせ者だと思っている。何よりも、共に過ごす時間は文句なしに心を満たされるからだ。

話は当然、彼らの仕事にフォーカスされるが、いつも時間がたつのを忘れてしまう。感概深い話はいくら聞いても飽きない。どんどん盛り上がっていく。聞いているこちらのテンションも高まっていき、時間がたつのを忘れて聞き入ってしまう。

なぜ、こんなに心が満たされるのだろうか。理由は一つ。お金持ちたちは例外なく、とにかく仕事が好きで、仕事と人生が深いところで一体になっているからだ。

仕事をすることがそのまま、彼らの生き方そのものと重なっているように思えてならないのだ。

もちろん仕事だから、ラクラクではないし、おもしろおかしいことの連続であるはずはない。お金持ちたち、いや、長い間、仕事をしてきてお金持ちになった人の多くは、苦しいこと、しんどいことの連続だといったほうがいいのではないか。

だが、だからこそ、やっと落ち着いて日々を楽しめるようになった今の境遇に、深い喜びを感じるのだろう。

時には、つらい思い出さえも、楽しいというより、とても大事な思い出を披露するように、感慨を込めて話してくれたりする。

お金持ちたちから聞く話は、キラキラ話はほとんどない。だが、キラキラした話でない分、伝わってくる充実感は、よけいに心に沁《し》みてくる。

本当に手ごたえのある生き方とは、こういう生き方をいうのだろう。

◉あせらず、淡々と目の前のことをやっていく

順風満帆、計画どおり仕事を進めてきた。その結果、ビジネスで成功した。お金持ちはそういう人がほとんどだろう――と思うのは見当はずれだ。

私が出会ってきた成功者たちは、むしろ、とんでもないアクシデントやトラブル続きを乗り越えて今があるという人が多かった。いや、そういう人だからこそ、今は楽しそうに仕事を進められる境地に達したといえるのかもしれない。

アクシデントやトラブルに遭ったとき、そこで挫折してしまう人と、それを乗り越えて前に進んでいく人がいる。

二つを分けるのは、アクシデントやトラブルを深刻に受け止めるか、さらりと流していくかの違いだ。

想定外のことが起こり、物事が予定どおりに進まなかったり、大きなダメージを受けたりすると、誰だって、そのダメージを取り返そうとして必死になるものだ。だが、必死になればなるほど心にあせりが生まれ、余裕を失い、失敗してしまう。

泣きっ面にハチはこうして起こるのだ。

だが、起こってしまったことは起こらなかったことにはできない。なかなかできないことだが、いったんここできれいさっぱりあきらめる。

淡々と、今できることを一つひとつ、できるペースで進めていく。成功にあせりは禁物なのだ。

大きな仕事でも、小さな仕事でも、やるべきことは決まっている。約束の期日までに、相手が期待しているとおりのモノやサービスを納める。仕事はこの連続だ。

それをコツコツ、コツコツ。ただ、コツコツと続けていく。すると気がつくと結果がついてきている。

最初から結果を求めて最大エネルギーで突進する。そういう人より、適度なエネルギーを長く発揮し続ける。最後に勝つのはそういう人だ。

◉コツコツ続けて得られるものは意外なほど大きい

「コツコツ」が意外に大きな結果につながることは、500円玉貯金をした経験のある人なら実感としてわかるのではないか。

お釣りに500円玉が入っていたら、それは〝なかったもの〟として必ず貯金箱に入れる。これを実行するだけで、毎年、海外旅行に出かけている友人がいる。

彼がこれを始めたのは、野際陽子さんが「500円玉貯金でピアノを買った」とテレビで話していたのを見たことがきっかけだった。

野際さんは500円玉が発行された1982年4月から、買い物をしたときに500円玉のお釣りがくると、必ず貯金することに「決めてしまった」そうだ。

それを延々、81歳で亡くなるまで続けたというからすごい。

「500円玉を手にしたら、もう条件反射的に、貯金箱に入れてしまうんです。貯金箱といってもお菓子の箱などのありあわせ。それがもてないくらい重くなったら、エイヤと銀行に運んで、500円玉貯金専用の通帳に入れるんです」

500円玉貯金は一生おろさないつもりだったが、野際さんには夢があった。グランドピアノを買い、自宅でピアニスト気分で弾くのを楽しむという夢だ。

人生の半ばで離婚し、一人娘を女手一つで育てることになったとき、野際さんは、この貯金をはたいてグランドピアノを買った。若いころからの夢をかなえて、これから厳しい道を歩んでいく自分に、エールを送ったのだ。

「このとき『やった！』と思わず笑みがこぼれて、達成感と充実感でいっぱいになりましたね」

NHKアナウンサーとして一世を風靡《ふうび》。女優になってからは数々のヒット作に出演し続けるという大活躍ぶりを見せた野際さんが、こんなことで、達成感と充実感を味わったというエピソードは、ただコツコツ進み続けることがどんな結果をもたらすかを物語っているといえるだろう。

淡々と、ただルーティンを続けていくことはけっしてバカにできないのだ。

この話を知った知人はさっそくマネをして、500円玉貯金に励むようになった。彼は、野際さんのようにずっとため続けるのではなく、35歳とか40歳というようなキリのいい年に貯金箱を開けて、そのお金を原資に海外旅行に出かけている。

旅行好きの彼は、ほかにもよく海外に出かけているが、500円玉貯金で出かける海外旅行は、ボーナスなどで出かける旅行とは別格の楽しみを味わえるそうだ。

コツコツを続けていると、やがてびっくりするような大きな実りをつける。その意外さが、実りに特別な味わいを加えてくれる。

窮地に立たされたときに「つらい」とこぼさない

◉お金持ちは自分を高く評価する

自分の現状をグチることとは、自分の現状に希望を失ってしまったことを吹聴《ふいちょう》してまわっているのと同じだ。

だから、お金持ちはグチをこぼしたりしない。グチをこぼして、みすみす自己評価を下げることなどしないのだ。

多くのお金持ちたちと出会ってきたが、彼らのいちばんの特徴は自己評価が高いことだ。といっても高慢ちきだったり、自慢たらたらという雰囲気はない。むしろ謙虚で控えめな人が多いが、その内側に並々ならない自信を潜ませている。

人生には山もあれば谷もある。今は成功し、お金持ちになっている人でも、じっくり話を聞いていくと、「本当にご苦労なさったのですね」と目頭が熱くなることだって、何度もあった。

誰でも、一度や二度は地獄を見てきている。お金持ちであればあるほど、谷も深かったのだ。

神戸でいちばんの不動産王だった人と出会ったことがある。三菱とか住友などのビッグブランドよりも数多くのビルを保有し、お金持ちライフを満喫していた。

だが、ある日、そんな生活が突然、崩れ去った。阪神淡路大震災が襲いかかったのだ。貸しビル業などひとたまりもなかった。倒壊したビルは保険が下りるからまだよかった。深刻なのは亀裂が入り、傾いたビル。保険はろくに下りないうえ、ほとんどが使い物にならない。

さらに深刻だったのは、街から活気がなくなり、テナントもどんどん去っていったことだった。同業者はどんどんやめていく。自己破産した人も、夜逃げ同然に消えていった人もいた。彼も、やめるのがいちばんラクかもしれないと何度も思ったという。

◉「ありがたい」は自分へのエールになる

だが、彼は廃業や自己破産の道を選ばず、事業を再建する道を選んだ。「自分はまだやれる！」という自信があったからだ。「根拠はまったくなかったんですけどね」というけれど。

再建を選んだとき、「グチと後悔は絶対しない」と自分と約束したそうだ。

「グチったって地震がなかったことにはできないし、気が滅入《めい》るだけですからね」

とはいえ、借金は100億円以上。個人で背負うにはとんでもない額だ。その重さに負けそうになると、「今日も、自分も家族もちゃんとご飯を食べられた。本当にありがたい」と心の中で手を合わせて感謝し、気持ちを切り替えた。

「グチったって現状は変わらないでしょ。それより、つらくても今日も1日、仕事ができた。暮らしていくだけのお金も稼げた。本当にありがたいと手を合わせると、不思議なもので、それだけで気持ちが前向きに変わるんです」

1995年の地震から23年。今では、彼の持ちビルは耐震工事や免振工事をすませた新ビルに変わっていて、長期的な収入源になっている。事業をみごとに再建し、お金持ちとしてもちゃんと復活を遂げたのだ。

人がやらないことをあえてやる

◉人力車は誰が造っている？

今、人力車が大ブームだ。浅草や鎌倉、京都、小樽などの観光地では外国人観光客にも大モテだ。実際に乗ってみると想像以上に車高が高く、人が引く速度は観光にはもってこいのゆるいスピード。乗り心地も上々だ。

増え続ける人力車需要。引き手不足はアルバイト学生などでまかなっているのだろうとおよその見当がつくが、人力車そのものは誰が、どこで造っているのだろう？

……**お金持ちになる人は、何かを見たとき、一歩深く踏み込んで見る目をもっている。**

そして、実際に踏み込んだ先に行ってみて、新しいビジネスを掘り当てていることが実に多い。

正解を明かしてしまうと、人力車はほとんどが手作業で造られているそうだ。いくらブームだといっても大量生産するほどのニーズはないから、部品の一つひとつまで手作り、あるいは他のもの用の部品に手を入れて使っているという。

部品を組み合わせ、人力車を造っていく技術も大変な修業を経ないと身につかない。職人の後継者は減る一方で、昭和の中期には職人がたった1人になるという危機もあったと聞く。現在も全国を見まわしても10本の指に満たないそうだ。

その結果、どうなるかといえば、現在、人力車職人は引っ張りだこ。殺到する注文をさばききれないのが実情だ。

ちなみに人力車1台の価格は、2人乗りの標準タイプでおよそ200万円。1台造り上げるのに1か月はかかるそうだが、お金のほうも悪くはなさそうだ。

◉人がいく裏に道あり花の山

「人がいく裏に道あり花の山」とは、古くから投資の世界で言い習わされてきた言葉だ。

みんなが行く定番の道は〝ハズレ〟ることはあまりないかもしれないが、混雑しているうえに花景色もお決まりで、新鮮な喜びはあまりない。

だが、人が行かない裏道には、思いがけない一本桜がこぼれんばかりに花をつけていたりして、しかもその光景を独り占《ひと》めするというような、このうえない喜びを満喫できたりする。

みんなが進む道をアリの行列のようにただくっついていき、誰でも思いつくようなことをしている限り、少なくとも大成功はおぼつかない。

つまりは、お金持ちとは程遠い人生で終わり！　ということだ。

◉誰もやらないことを黙々とやっていく

「人の行く裏に道あり……」にはもう一つの意味があるという。

人が行かない裏道は踏み固められておらず、もちろん舗装もされていないデコボコ道だ。しかも、行く先がどこに到達するか、誰も行ったことがない道なのでわからない。並の人はそれがこわくて、つい、みんなが行く道を選ぶのだ。

だが、人が行った後の道にはもう草も生えていなければ、実も全部取られてしまっているだろう。

人が行かない裏を行けば、思いがけず多くの実を手にする可能性が大きい。でも、行き先が行きどまりであったり、何も生えていないハゲ山だったりするリスクも大きい。

しかし、リスクを恐れていてはリターンは得られない。

この数年で、急成長を遂げた不動産会社の社長と親しく話す機会があった。

彼の会社はまだそれほど大きくないし、従業員数も2ケタ台だ。だが最近、国や自治体からの大きなプロジェクトを次々受注している。急成長の理由はそれだったのだ。

公道のそばなどに、広い土地が空いているのを見かけることがあるだろう。「市街化調整区域」といい、宅地造成などはできないとされている地区だ。

公的な施設や都道府県知事の開発許可を得た開発はできるのだが、開発許可を得るにはやたらと面倒な手間がかかり、そのうえ、相手はお役所だから、時間もハンパでなくかかる。それでいて、市街化調整区域を開発することは、自治体も土地オーナーも切望してやまないことだった。

この不動産会社は、その面倒くさい許可取得を黙々とやり続け、市街化調整区域開発のノウハウをしっかり身につけた。今では、市街化調整区域の開発にかけては大手不動産会社より先を行き、全国各地からのオファーが殺到しているのだ。

誰もやりたがらないところに大きな儲けのタネが埋まっている。

これは個人の人生にも通じるのではないかと思う。

長いスパンでモノを見ている

◉人生は長い。ビジネスはもっと長い

首都圏に次々、ビルを建てているデベロッパーの社長と仕事をしたことがある。この社長の口ぐせは「自分がこの世から消えた後も、ちゃんと残っている仕事をしたい」だった。

そもそも、彼がデベロッパーを目指したのは、子どものころ、「地図に残る仕事」というテレビCMを見たことがきっかけだったそうだ。

長く残る仕事といっても、ビルを造る、街を造るというようなことだけではないと思う。

たとえば、インスタントラーメンは今や世界的な食べ物だ。タイでもアフリカでも南米でも、どこに行ってもスーパーマーケットの棚には、その国オリジナルのインスタント麺が並んでいる。

お湯さえあれば、世界中どこでも、いや、宇宙でだって食べられる。宇宙飛行士の野口聡一氏がスペースシャトル「ディスカバリー」で、無重力状態でカップ麺を食べてみせ、世界中の注目を集めたことは記憶に新しい。

無重力状態ではスープが飛び散るという課題に、メーカーは「とろみをつける」という答えを見つけ、インスタント麺の可能性をさらに大きく広げてみせた。

お金持ちたちは今の仕事を着実にこなしながら、その先、さらにその先を見つめている。

「そんなことをいったって、自分はサラリーマンだ。未来なんていわれても、定年になったらそこでジ・エンドよ」などと、自分で自分の未来に線引きをしてはいけない。

線引きすること、それこそが、ジ・エンドだ。

◉AIの台頭で仕事が半減する時代だからこそ

現在は産業革命以後、最大の変革期に立っているといわれている。

オックスフォード大学でAI（人口知能）の研究をしているマイケル・A・オズボーン准教授はその著『雇用の未来――コンピュータ化によって仕事はうしなわれるか』で、あと10年で消える職業、なくなる仕事について書いている。

驚くのは、消える職業の中には医師も入っていることだ。

医師に求められる最大の能力は、検査データから病気を診断する技術だが、今や「ワトソン」という人工知能型のロボットが20万件の医療報告書、150万件の患者記録や臨床試験、200万ページ分の医学雑誌などを基に分析し、病気の正体を突き止める。

さらに、コンピュータは患者個人の症状や病歴、遺伝子なども判断に組み込み、ベストな治療方針を示してくれるそうだ。

弁護士もあやうい。

すでにアメリカの弁護士事務所の中では、裁判前のリサーチはコンピュータをフル活用しているところが出てきているという。その結果、弁護士のアシスタントであるパラリーガルや、契約書、特許というような案件を主に扱う弁護士は、将来的には〝必要でなくなる〟リストにノミネートされている。

●ハイスペックな人があぶれる理由

だが、その一方で、どんなにITやAIが進歩しても絶対にできない技術がある。

「新しいモノを生み出すことは、人でなければできないんです」

そういったのは、ある食品メーカーの会長さんだ。

いち早く製造ラインをコンピュータ化し、広い工場には人間はたった1人しかいないが、開発セクションにはどんどん人を増やしている。

注目したいのは、開発セクションでいい成績を上げる人は、これまで優秀とされてきた人とはまったく違うタイプだということだ。

偏差値が高いとか、学歴が高いというようなスペックの高さはもういらない。それよりも、世界をぶらぶらしてきた人とか、仕事が終わると毎晩のように映画を見に行く、アニメの世界にどっぷりはまっていてオタク仲間がたくさんいるというような、これまでなら規格はずれとされた人のほうがいい。

これから先の時代、ろくに遊んだこともない、ただまじめなだけの人間の必要度はガクンと下がってしまうはずだ。

◉お笑い力で競いあい、急成長した会社

新しくビジネスを立ち上げたと思ったら、あっという間に株式上場を果たしてしまったある建材メーカーの社長は、とにかくよく笑う人だった。

話の半分は笑っているし、鋭く切り込んでいかなければならないはずのこちらまで、つい、笑い転げてしまっている。

社員は総勢50人程度。年末には、社員と社員の家族も一緒に、温泉宿に繰り出す。ここまではあり得る話だが、この会社の真骨頂《しんこっちょう》はこれからだ。

温泉宿の宴会場の舞台を使って、「社員対抗・お笑い合戦」が繰り広げられるのだ。DVDでその様子を見せてもらったが、各チーム、コントや短い芝居を懸命に演じ、社員から家族、小さなお子さんまでみな1票ずつ投じて、優勝チームを決めるという趣向になっている。

笑うのは人間だけだ（チンパンジーも笑うという説もあるようだが）。とにかく、笑いはきわめて人間的な行動だと思う。

実際、社員研修に、お笑いに関するメニューを取り入れている会社も増えてきているそうだ。ある研修会社のメニューには「ひな壇トーク研修」とか「スべらない雑談研修」「漫才プログラム研修」などが並んでいる。

テレビではお笑い番組が花盛りだ。お笑い番組を見ながら、タレントたちの絶妙な間や、間髪を入れぬ切り返しのコツを自分のものにしてしまおう。

より大きな成功を得るカギは「自制心」

◉4歳でわかる、お金持ちになる人・ならない人

「今日なら1万円あげる。でも、来年まで待ってくれたら2万円あげよう」

こういわれたとき、あなたは1万円を選ぶか。1年待って2倍の2万円を選ぶか。

これはかなりの難問だ。

明日のことなんかアテにならない。確実なのは今、この瞬間だと考えて**「今日もらえる1万円」を選んだ……というあなたは、残念ながら、お金持ちになれる可能性はあまり高くない。**

これは、実験によってちゃんと実証されている事実なのだ。

1960年、スタンフォード大学のウォルター・ミシェル博士は、4歳の子どもたちを集めて、次のような実験を始めた。

子どもたちの前にマシュマロを1個ずつ置き、博士はこういった。

「私はちょっと用があって、部屋から出ていかなくてはならない。15分で戻ると思うよ。

私が帰ってきたとき、もしマシュマロがあったら、そのときはもう1個、マシュマロをあげるよ。

つまり、15分食べるのをガマンできれば、きみはマシュマロを2つ食べられるんだ。わかったね」

そして、博士は部屋から出ていってしまう。実際は、隣の部屋から、こっそり子どもたちがどうするかを観察していたわけだ。

多くの子どもは、博士の姿が見えなくなったとたんにマシュマロを食べてしまった。ごく少数の子どもは、マシュマロを手に取ったり、においをかいだり、また、お皿に戻したり。スカートでこすってみた子もいれば、マシュマロを手に持って歩きだした子もいた。

結局、15分間食べないでガマンできたのは約4分の1。4人に1人の割合だったという。

◉なぜ、マシュマロを2個食べた子どもは成功しやすいか

博士の実験は、その後の子どもたちを追跡するという膨大で、根気強いものだった。14~15年後、マシュマロを食べてしまった子どもと、食べずにいられた子どもの大学進学適性検査の結果をくらべてみたのだ。その後の子どもたちの違いも、定期的にフォローして

いる。

その結果、食べずにいられた子どもは、すぐに食べてしまった子どもにくらべ、以下のような特性をもつことが明らかになった。

- 大学進学テストの結果がよかった
- 中年になったとき、肥満指数が低い
- 自尊心が高い
- ストレスにうまく対処する
- 収入が高い

この結果から、博士はこう結論している。

「将来のより大きな成果のために、自分をコントロールする能力=自制心は、人生における成功を左右する、非常に重要な能力だ」

今日の1万円よりも1年後の2万円。あなたが2万円派だったら、喜んでいい。

「絶対に失敗しない人」は大きな損失をこうむる

◉「じゃんじゃん失敗しろ」という某薬局チェーンの社長

二十数年前、小さな薬屋からスタートし、現在では日本有数の薬局チェーンを作りあげたM社長は、社員が失敗しても全然怒らない。それどころか、社員には「じゃんじゃん失敗しろ」とハッパをかけ、失敗しない社員のほうを内心はがゆく思っている。

M社長にいわせれば、仕事には失敗はつきもの。失敗しないなんて、何のチェンジもチャレンジもしていないことにほかならない、というわけだ。

失敗は、何かを創造、進化させるときには欠かすことができない重要なものだと気づき、「失敗学」という新たな研究領域を拓《ひら》いた人がいる。東大名誉教授の畑中洋太郎氏だ。

機械工学が専門の畑中教授は、学生たちに教えるうちに、過去の失敗から学ぶことがいかに大切かに気づき、

「失敗は、その人を成長させる、これ以上ない貴重な体験だ」

と主張した。こうした考え方ができる人は、研究者でも技術者でも、会社の経営者でも

最終的に成功する確率がものすごく高い。つまりは失敗しないのだ。最後に大きく成長する。そのために、失敗は欠かせないといってもよい。

◉「失敗しないように」と進めるのは愚か者の選択だ

たいていの人は何かをするとき、失敗しないようにと慎重に進めていく。そのために、前に同じようなことをしたケースを調べ、うまくいった方法を真似して実行する。

これは一見、うまい方法のようだが、これでは新たな進歩も発展にもつながらない。既存の技術の模倣から得られるものはゼロであるといっても過言ではないと思う。

それよりも、失敗してもいいから、新しいやり方にトライしてみよう。その結果、失敗してもめげる必要などないし、落ち込むなんてもっとムダだ。

大事なのは、失敗したときにそこでやめてしまわないこと。成功するまでやり続ければ途中の失敗は失敗ではなくなり、成功までのプロセスにすぎないことになる。

◉失敗から学ぶためのいくつかのポイント

失敗をただの失敗に終わらせないためには、いくつかのポイントがある。

①トライした内容、手順、失敗だとわかるまでに気づいたことを、モレなく、できるだけ詳細にメモをとる。
②誰が悪かったか、ではなく、何が悪かったのか。冷静に、客観的に見ていく。
③うまくいかなかったところだけでなく、必ず全体を見る。原因は失敗したところではなく、その前段階にあるということがよくあるものだ。

ここまですませたら、その日はもう仕事はヤメ。もう1回、あと1回……と未練がましくトライし続けたりすると、次のステップに進めなくなってしまう。

いったん手じまいして気持ちを切り替えるのだ。

お金持ちになる人は、自己コントロールが巧みであることが多い。翌日にはもうケロリとしていて、失敗体験を引きずらない。そして心機一転、再びチャレンジするのだ。

京セラ、第二電電（現ＫＤＤＩ）の創業者・稲盛和夫氏はこういっている。

「世の中に失敗というものはない。チャレンジしているうちは失敗はない。あきらめたときが失敗なのだ」

第5章

どんどん物事を好転させていく「自分磨き」の極意

§

人にもお金にも愛されて生きるために

自慢話ともコンプレックスとも無縁

◉自慢話は、いわば「オレオレ詐欺」

自分を少しでもよく見せたい。かっこいい自分を認めてほしい。

こういう欲求を「承認欲求」といい、多かれ少なかれ誰にでもある思いだ。

シャツを自分で着ることができるようになった、補助輪なしで自転車に乗れるようになった……。こんなとき、小さな子どもが「ねえねえ、見て見て」と得意げに親に見てほしい、できるようになったことを認めてほしいと盛んにアピールしてくる。

これが典型的な「承認欲求」だ。

大人になってもこの欲求はなくならない。いや、むしろ、まわりの人を意識するようになっていくから、「人に認めてほしい」という気持ちはいっそう強くなっていく。

「私は、○○に関しては日本でも5本の指に入るといわれていましてね」

「そのうち独立・起業して、この業界のトップになりたいと思っています。もちろん、絶対の自信をもっています」

「10年後、いや5年後にはあの高層マンションの住人になりたいと思っているんです。絶対に実現してみせますよ」

このように、自己アピールが強すぎる人はけっこう多いが、そういう人のほとんどが、実際は口ほどではなく、あまり仕事はできないことが多いのだ。

本当は自分に自信をもっていない。いや、もてないからこそ、内心焦《あせ》っている。自信がないから、何につけても他人が気になって仕方がない。まわりの誰かれより自分のほうが優れていると認めてもらいたい。

でも、自信がないことを他人に悟られたくない。だから先手を打って「オレが、オレが」と、ことあるごとに口にする。

そんな深層心理があるのではないだろうか。

自慢話は、実際の自分が物足りないことをごまかしたいから、つい口をつくのではないか。実はコンプレックスの裏返しなのだ。

だから私など、「私（オレ）は……」と自信過剰、自慢ばかりの人に出会うと「これこそオレオレ詐欺《さぎ》じゃないか」と疑ってしまう。

自慢話をする人には、心を許さないほうがいいと忠告しておきたい。

◉本当に力のある人はなぜ控えめなのか

反対に、自分の仕事に納得している人が「どうだ！　私を見ろ」とか、「私の仕事はすごいだろ！」と自分からアピールすることはまずない。

自分自身は、自分の仕事は今のところこのレベルだ、とちゃんと認識できているのだ。もちろん、もっと上を目指しているのはいうまでもないが、一歩一歩上っていけばいいと、まったく焦りがない。

さらにいえば、上っていく自覚をちゃんともっている。いつでも自分の現状は〝途上にある〟と見ていて、だから、自然に自分を語る言葉は控えめになる。それでいて、ひそやかな自信に満ちている。

控えめであることと、自分自身を支持していること。このバランスが絶妙でないと、成功への道を進んでいくのは難しいのだ。

それができるように、自分をきちんと律していこう。

◉素の自分を受け入れ、ありのままで勝負していく

まわりの人を気にして生きている人を見ると、おこがましい言い方だが、ちょっと気の

毒になってしまう。

さぞ、疲れるだろうな。しんどいだろうなと思えてならないのだ。

まわりに目をやれば人は千差万別。1人ひとり、本当に何から何まで違うのだなあと感嘆のあまり、ため息が出てきそうになる。頭のよしあし、運動神経がいいか悪いか。スリムで長身か胴長短足か、イケメン度や美人度……。

これらはほとんど生まれつきである。

しかも今の時代、進学先の偏差値、就職先の会社の業績から平均給与……なんでも検索すれば一瞬でわかり、自分の立ち位置がわかってしまう。ある意味、現代はこれまで、どの時代にもなかったほどシビアできつい時代だ。

そんな時代だからこそ、まわりの人とくらべている限り、しんどく、つらいということを早く理解したほうがいい。

とりわけ、コンプレックスからは抜け出そう。コンプレックスからは何も生まれない。**見つめるのは自分自身。頼れるのは自分の頭、自分の体、自分のハートだけなのだ。**できる人は、仕事も勉強も、生きていくことも、自分の頭と足を使うほかないことを、ちゃんと自覚している。

それが本当にわかってくれれば、自慢話もコンプレックスで頭がいっぱいということもなくなり、素の自分を素直に受け入れられるようになっていくはずだ。

自然体で生きているから、自分もまわりもラク

◉人は、まわりに負担を与えない人に惹かれる

いろんなジャンルの成功者と出会う機会があったが、成功者はみな、フランクでオープン。ハッタリもなければ見栄も張らない。あっけらかんと懐《ふところ》を開き、こちらを丸ごと受け入れてくれる。そんな人ばかりだった。

そのうち私は、それも道理だと気づくようになった。何事もいちばん大事なのは、人と人との関係だ。とりわけ仕事は1人ではできない。

そして、ベストな人間関係とは相手の気持ちをラクにさせる、そんな関係だ。

ラクは楽。楽しさにつながっていく。

楽しい時間は流れるように過ぎ去っていき、長時間にわたる仕事であっても飽《あ》きや疲れ

を感じさせないのだ。

お金持ち、つまり成功者は何を聞いても自分を飾らず、オープンに話してくれる。相手によって態度を変えることもなく、いつも自然体でありのままだ。

だから、相当にシビアなビジネス案件を進めるときも不必要な緊張や負担感がなく、疲れやイラだちもまず感じない。それどころか、一緒にいることが心地よく、時間がたつのを忘れることが多かった。

逆に自分のカラにとじこもりがちな人は、いったい何を考えているのかわからない。なんとか気持ちを開いてもらおうとまわりは相当気を使わなければならないから、向き合っているだけで本当に疲れてしまう。

「はたらく」とは「〝はた〟の人を〝らく〟にすること」

昔からいわれることだが、けだし名言である。相手をいたずらに疲れさせてしまうようでは、成功は程遠くなる一方だ。

◉自分から心を開ける人が一番強い

若いころの私は、われながらイヤな奴で、まわりは辟易《へきえき》していたに違いない。子どものころから人見知りで、初対面の人にはどうしても心を開けなかった。

だが、これでは仕事はうまくいかないのだと痛感する経験を重ねているうちに、このままではまずいと思うようになり、さすがの私も変わっていった。

いくら肩ひじ張ったところで、しょせん、自分は自分なのだ。虚勢を張ったところで相手に本当の姿は見え見え。どんなにがんばって自分以上に見せようとしても、結局はおサトが知れる。

正体がバレたときの恥ずかしさといったらないが、こういうとき、バツが悪いのは自分だけではない。相手のほうも気まずくなる。

虚構が崩れたとき、その場の雰囲気はそれまで以上にギクシャクし、それまでの努力は一気に崩壊してしまうことが多いものだ。

最初から見栄など張らずに、正直に、自然に、ありのままの自分で相手と向き合い、付き合っていくようにしよう。結局はそれがいちばん的確に、いちばんよい関係性になっていくものなのだ。

そう気づいてからはできるだけ、自分から真っ正直に話を切り出し、ありのままの自分で向き合うように努めてきた。

今では人と向き合うことを、そう大きな負担とは感じなくなっている。その成果だろうか、最近は仕事でギクシャクすることはほぼなく、少なくとも、私自身はラクになった。ということは、おそらく相手も少しはラクになってきているはずだと思う。

たとえ相手の指摘がカン違いでも、言い訳をしない

◉どんな場合も、まず相手の言葉を素直に受け入れる

子どものころ、親に「口答えしない」ときつく叱られた、という経験をもつのは私だけではないだろう。

「でも」とか「そんなこと言ったって」と口をとがらせる。そのクセがなかなか直らず、親はついに「〝でも〟は禁止！」などと言い出したくらいだった。

とにかく「〝でも〟を禁止する」ことは、なかなか名案だった。「でも……」といわなければ、あんがい自然に、口答えも言い訳もしなくなるからだ。

大人になっても、上司などに何かを指摘されると、ほとんど条件反射のように言い訳を

する人はけっこう多い。たいていのトラブルはここから始まる。

「でも……」と口に出すと、その後に続くのは「……私にはムリです」とか「今は忙しくてできません」などと100パーセント、ネガティブな言葉になる。

さらに、相手にとってはストレートなネガティブ発言よりいっそうイヤな響きになる。なぜなら、配慮がない、正しくモノを見ていないと批判されているように聞こえるからだ。せっかく声をかけてもらったのに、「でも……」と相手の気持ちを逆《さか》なでしているようでは仕事がうまくいくわけがない。当然、お金持ちになる可能性も閉ざされる。

今日、この瞬間から「〝でも〟は禁止！」と自分と約束しよう。

「だって」「だけど」も同じようなリアクションに通じる言葉だ。この際、これらの言葉も一緒に封印してしまうとよい。

◉最初のひと言は「そうですね」

「でも……」グセは想像以上にしぶといものだ。なにしろ、子どものころから言い慣れてきている。それを封印するのだから、代わりの言葉を用意しておかないと、ふっと気がつくと、すぐに「でも……」が戻ってしまう。

そこで提案したいのが、「そうですね」という返し言葉だ。

どんな言葉をかけられても、どんなことを言い渡されても、とにかく「そうですね」といってしまう。これはなかなかうまい手だ。

「そうですね」の後には不平や不満、反感は続かない。仮に不満や反感めいた言葉を続けてしまったとしても、「そうですね」がクッションとして働いて、不満や反感のニュアンスは和《やわ》らいでしまうからだ。

「もっと仕事のスピードを上げてくれよ」と、いわれたとしよう。

「でも……」と受ければ、

「仕事が山積みで渋滞状態。今のスピードで処理するのだっていっぱいいっぱいなんです。スピードアップなんかとうていできません」

とモロに言い返す結果になってしまう。

だが、「そうですね」と受ければ、

「なるべく急ぐ仕事から片づけていくように、工夫してみます」

となめらかに続いていき、明るい受け答えに好感度もアップする。

問題解決に向かう前向きな姿勢は、まわりの者の気持ちまで明るく活気づけるものだ。

「でも……」のひと言ぐらい大した問題ではないと思うかもしれないが、次に続く言葉しだいでまわりの人への影響、そしてそれ以上に、その言葉を口にした本人の心に大きく働きかけてくることを肝に銘じよう。

言葉のチカラはとても大きい。

たったひと言、その使い方一つで自分のモチベーションを低くしてしまうことも、反対に大いに高めることもできるのだ。

気持ちの切り替えが〝神的〟

◉怒っても品がいい孫正義氏

成功者、そしてお金もたっぷり……という人はみな、いつもにこやかだ。ピリピリした顔など見たことがない。だが、いうまでもなく、それは外づらというヤツだ。

親しく付き合うようになると、たいていのエラい人はけっこう怒りっぽいとわかる。

残念ながらメディアを通してしか知らないのだが、孫正義氏もそうであるようだ。孫氏

と親しいある新聞社のコメンテーターは、

「孫氏はよく怒る人だ。社外に対してはよく怒り、よくケンカをした。ケンカというと語《ご》弊《へい》があるなら、よく訴訟をする。

社内に対してもよく怒る。だが、それは、指示どおりに仕事が進んでいないなど、当然すぎることに対する指摘で、多少、口調はきついことがあっても怒っているわけではない」

と書いているくらいで、孫氏の怒りにはそれ相当の理由がちゃんとあるとわかる。

ちなみに、孫氏の怒りは「怒っていてもどことなく品があるな。憎めない怒り方をするな」と同席していた人がコメントしている。ただ単に、感情を爆発させているわけでない、正当な、度をわきまえた怒りであるようだ。

◉成功したいなら、どんどん怒るべき

成功するには、というテーマの本にはほぼ100パーセント、「怒らないこと」「怒ってはいけない」と書いてある。

だが、私はその反対で、成功したいならどんどん怒れ！　といいたい。

怒りは本来、不正や不公平など社会的に許せないことに対するアピールだ。社員や同僚に対する怒りだって、相手に非がある場合や間違っている場合が多く、こういう場合にも「怒りはネガティブな感情だ」とか「怒りはすべてを破壊する」などといっていたら、問題はいつまでたっても改善されない。

孫氏ではないが、必要なら訴訟に持ち込むくらいのことはすべきだし、個人的に相手が悪い場合は、相手がそれを理解してくれるまで、なぜ怒っているかを伝えるべきだ。

あくまでも私見だが、めったに怒らない人、たとえば、宮沢賢治の『アメニモマケズ』にある「いつも静かに笑っている」というような人の中には、好奇心や関心が鈍《にぶ》く、感受性もいまいち。はっきりいえば、人間的なボルテージがあまり高いとはいえない人が少なくないのでは、と思えるのだ。

反対に、いろいろなことに怒りを感じる人はそれだけアクティブで、まわりの人のあり方、生き方などに注ぐ目が熱いと思えるのだ。

私の考えがそう的はずれではない証拠に、成功者にはむしろ、よく怒る人が多い。もちろん、だからといって怒りをあらわにしたり、まして爆発させるようなことはない。怒りのエネルギーの大きさを知っているから、怒りが湧いてきたら巧みに気持ちを切り替え、怒りをコントロールしているのだ。

前にも登場したアマゾンのジェフ・ベゾス氏は創業まもないころ、折に触れて激昂《げきこう》するタイプだったという。そこで、ベゾス氏は専属の心理コーチを雇い、「怒りをコントロールする」ことを学んだそうだ。

ベゾス氏のこの選択は非常に賢明だったと思う。怒りをコントロールし、感情が沸騰《ふっとう》しても〝神対応〟でそれをいなす。

その心理テクを身につけていなければ、今日のアマゾンはなかったかもしれない。

◉「6秒」数えれば、怒りはコントロールできる

怒りは激しい感情だけに、そう長くは続かない。

心理学的に研究した結果では、怒りの感情のピークは約6秒間だそうだ。

もちろん、怒りのすべてが6秒できれいになくなるわけではないが、ピークの6秒間をうまくやり過ごせれば、部下を怒鳴りつけてパワハラだと指摘され、追い込まれたりしないですむというわけだ。

ある心理カウンセリングが指導しているアンガーマネジメント（怒りのコントロール）法をご紹介しよう。

ムラムラと怒りがこみあげてきたら、頭の中にストップウオッチをイメージする。そしてその針が1秒、2秒、3秒……とコチコチ動く様子を数える。ただそれだけだ。イメージの中の針の動きをじっと見つめていると、6秒はアッという間。気がつくと、何に怒っていたのかさえ忘れてしまうという。

◉怒る人よりも罪深いのは、不安を拡散する人

一瞬先はヤミ。これはすべての人に共通のことだ。

人がわかっているのは、今この一瞬だけ。この先どうなるかなど、それこそ「お釈迦《しゃか》さまでもご存じあるめえ」だ。

それなのに、先行きがどうなるのか、不安でたまらないという人は少なくない。そして、それを軽々しく口に出す。たとえば、こんなふうに。

「この前の北海道地震はすごかったですね。……専門家の話だと日本中、いつ、どこでも地震が起きてもおかしくないのだそうですよ。おちおち、夜も寝ていられませんね」

「アメリカの株がどんどん下がっているでしょう。それにつれて日本の株も下がる一方。この先、どこまで下がるんでしょうねえ」

こうした話を聞けば、まわりの人の気持ちも不安で塗りつぶされていく。先行きの不安話はまわりの人も不安心理に巻き込んでいくから、相当に罪深いことなのだと自覚したほうがいい。

ひるがえって、成功者やお金持ちは、明るく楽観的な人ばかりだ。地震のことも株価のことも気にはなるだろうが、気にしたところでどうなるものではないと、腹をくって生きているのだ。

「不安の90％は起こらない」とよくいう。

これは、実際に何事も起こらないという意味ではない。何が起こっても、起こってしまったら仕方がない。起こったことを受け止め、次に進む行動を起こして問題を解決していくほかはない、ということだ。

そうしているうちに、不安などどこかに消えてしまう。だから結果的に、不安に思ったことの90％は起こらないと感じられるのだろう。

たいていのことはなんとかなる。なんとかなったから、こうして今、元気に生きているのだ。この先もずっとこの調子でやっていける。

そう考えるようにしていれば、不安な感情は完全に捨て去ることができると思う。

ノリ、フットワークが抜群にいい

◉「おもしろそうですね。これから行きましょうか?」

20年近く、ある業界雑誌に深く関わっていた。その間、1兆円企業から売り上げは1ケタ億円というような小さなメーカーの社長まで、いろいろな方にお目にかかった。

その小さなメーカーから、最近、テレビCMを盛んに流すほどに大きく成長してきた会社の社長、Y氏のことは特に印象に残っている。Y氏はとにかくノリがよく、あるとき、こんなことがあった。

取材が終わってから雑談にハナを咲かせていたとき、オープンしたばかりの商業施設が話題になった。

「なかなかおもしろいですよ。特に老舗の書店が、書店の枠を超えてレトロチックな演出の店を出しているんです。昔ながらの床屋までありましてね……」

すると、Y氏は「へえ、おもしろそうですねぇ。そうだ、これから一緒に行きません?

そこでランチをしましょうよ」と言い出した。

その場でかたわらの社員に「午後の例の予定ね。ちょっと遅れるからと連絡しておいてくれる？」というと、すぐに外出の支度をするという具合で、ノリ、フットワークがめちゃくちゃいいのだ。

道々聞くと、「物事にはタイミングがある。タイミングは絶対にはずさないで、時には予定を急遽《きゆうきよ》組み替えても、今、旬なほうを選ぶことも多い」という。

◉真っ黒なスケジュール帳では仕事はできない

ノリがよく、新しいものにはどんどん食いついていく。そうした姿勢から、今後、ブレークするなと感じたキャラクターの使用権をどこよりも早く取り、それが爆発的なヒットになって、急成長したことは業界神話の一つになっている。

「『あとで』と『そのうち』で実現したことはないでしょう？」

あとで、とそのうち、をなくすために、この社長はあえて、スケジュールは基本的に大まかにしか組まないそうだ。

たとえば、午前中にこれとこれ、午後はあれとそれ……。会議や取引先とのアポイントはむろん別だが、社内ミーティングなどは「手が空いている者は集まってくれ」と声をかけて始めることが多いと笑う。

彼はときどき、スケジュール帳を開いてデスクに置き、少し遠目から眺めるのだという。

「こうして見たとき、真っ黒だったらNG。ところどころに白いスペース、つまり、予定が入っていない時間がある。**スケジュール管理はゆったりと、できるだけ間に時間を残すようにしています**」

機械や建物を組み立てるとき、名人はギチギチに組み込んでしまわず、あえて少しスキ間をつくると聞いている。職人はこのスキ間を「遊び」と呼ぶ。「遊び」がないと、建物の強度は保てず、長持ちしないのだそうだ。

スケジュール帳の白い部分が、この「遊び」にあたるというわけだ。

セコさやみみっちさが微塵もない

◉おごりたがる人に限ってセコイ

仲間うちで楽しく飲んでいるとき、羽振りのよさそうな人が立ち上がり、「さあ、今日はオレのおごりだ。大いに飲んでくれ」などと大きな声でいうことがある。

当人は、こうすれば、まわりが「あの人はお金持ちなんだ」と知ることになり、自分をリスペクトするはずだと思い込んでいるようだ。

さらに途中でも、メニューを手に「なんでもじゃんじゃん頼んでくれよ。勘定はオレがもつんだから」と何度も念を押したりする。

自分がお金を使えることを知ってほしい、評価してほしいという気持ちが透《す》けて見えて、実はかえってセコく、しみったれて見えることをまったく理解していないのだ。

お金に関していちばんむずかしいのは、実はお金をどう使うか、だ。

「金持ちがどんなにその富を自慢したとしても、彼がその富をどんなふうに使うかがわかるまで、彼をほめてはいけない」

ソクラテスの言葉だ。古代ギリシャの時代から、本当にお金持ちと呼ばれるにふさわしい人は、品よくきれいにお金を使うことができる人、という感覚は大事にされていたことがよくわかる。

ただ値段の高いものを買いまくったり、片っ端から人におごるなど、人前で札片《さつびら》を切ってみせる人は品がなく、お金はあるかもしれないが、こういう人に本当の豊かさは感じられない。

ある経営者は、スタッフが飲みに行くと聞くと、「ああ、今日は遠慮しておくよ。ちょっとやりたいこともあるし……」などといってあえて席を外す。スタッフはスタッフだけで飲んだほうがのびのびと、心底楽しめることだろうという配慮からだ。

だが、陰でリーダー格の人に軍資金を手渡し、「たまにはハメをはずしてこい」などと声をかける。このような配慮は欠かさないのだ。

オレが、オレがと声高《こわだか》にいうことはないのだが、こういう人のほうがずっと感じがよく、行き届いた心づかいも含めて、本当の豊かさを身につけている人だと心の底からのリスペクトも湧いてくる。

◉何につけても「金額」の話をする人

「カッコいいリュックですね。私もリュック派なんですが、なかなかいいものに出合わなくて」と話しかけられたとしよう。

こんなとき、「いいでしょう。5万円もしたんですよ」と答える人がいる。

「○○レストランによく行かれるとか。ごひいきの理由は?」と聞かれた場合も「分厚いステーキが3000円台で食べられるんですよ。おトクでしょう」と、またまた金額本意の返答が返ってくる。

このように、何を聞いてもまず、金額を口にする人は、金額を明らかにしないとその価値は伝わらないと思い込んでいるのだろう。

お金に対してきちんと関心をもつことは、お金持ちになる第一歩だといってもいいくらいだと思う。

だが、「彼は、年収も1000万円は超えているんじゃないかなあ。あの若さですごいですよね」などと、**何かにつけて具体的な金額を口にするのは、金額でしかモノの価値をはかれないことを白状しているのと同じだ。**かえって貧乏ったらしく品もない。

高いものイコールいいものという公式はたしかに成り立つ。だが、本当にいいものとは、その人がどれほど満足しているか。そこに尽きるのだと思う。

何かを尋ねられたら、金額ではなく、なぜ、それがいいのか、そこを伝えるようにしたい。リュックなら、

「いいでしょう、背負ったとき、添うようになじむんですよ」

「使っているうちに革がなじんできて、いい具合の光沢が出てくるんですよ。そこが特に

気に入っています」

などと答えると感じがいい。

「高そうですね」などと突っ込まれたら、「ええ、清水《きよみず》の舞台から飛び降りちゃったんですよ」とジョークでかわすとか、「私にしては高い買い物でしたけど、満足度が高いから、結果的にはいい買い物だったと思っています」などと金額には触れずに、でも、それなりの値段だったことは伝わる話術をマスターするとよい。

本当に懐《ふところ》の深い人の会話は、必ずしも直球勝負だけではないことを知っておきたい。

メリハリのあるお金の使い方ができる

◉ときめくお金の使い方、していますか?


知人に、美食よりも女性よりも（?）、バッハが好きだという人がいる。

彼は、放送局勤務だから一般企業より収入はいいようだが、いわゆるお金持ちとはいえないだろう。だが、その生き方はすばらしい。

ドイツのライプチヒで行われるバッハ音楽祭命《いのち》！　で、毎年、音楽祭に出かけるのが生きがいになっている。音楽祭は毎年5月ごろ、キリスト昇天日をはさんだ10日間にわたって繰り広げられ、街中がバッハ一色に染まるそうだ。

彼はここで1週間ほどを過ごすために、休暇やお金などを集中的に使って1年分のときめきを得てくるのだ。したがって、ほかのことはどうしてもややきつめになるが、それでも満足度の高い人生を生きている。

バッハだの遺跡の旅だのに限定する必要などない。おいしいものを食べるのが大好きで、「ぐるなび」をチェックして都内のラーメン店の食べ歩きにこづかいを投じている人も知っている。

絵が好きで小さなギャラリーをのぞいては、気に入った小さなリトグラフなどを買うことを喜びとしている人もあれば、ゲームにはまり、毎週のように秋葉原や中野に出かけては、ゲームに関連したグッズやフィギュアを買い、部屋をいっぱいにしている人もいる。

こんな具合に、○○が大好き、○○があればときめいていられる。そういうことにお金を使っている人は、手元にいくらあるかということとは関係なく、輝いた表情をしていて、気持ちも満たされている。

こういう人もある意味でのお金持ち。少なくとも、貧しいとはいえないと思う。心がときめいていて、幸せ感でいっぱいならばそれで十分。彼らにとって、お金は、生活をしていくのに足りるだけあれば十分なのだろう。

そして間違いなく、心豊かに生きているといえる。

◉「よくしていく」ためにお金を使う

地球上には今、貧しさのために学校に行けない子どもが1億3000万人もいる。これは、世界中の学齢期にある子どもの10％以上に当たるそうだ。また、世界人口の半数がいまだに基礎的な医療サービスを受けられずにいるという、驚くような現実もある。

お金をもっていることの大きな喜びの一つは、このような悲しい現実を少しでも解消しようと、積極的に行動できることだ。

多くの悲しい事実やできごとは、いくら温かな心があろうと、善意だけでは解決しない。具体的に物事を解決するのはやっぱりお金のチカラなのだ。

世界のお金持ちたちはそれをよく理解しており、実際、積極的に福祉活動をして、お金を最大限、役立てている。

その意味では、日本はまだまだ立ち遅れている。求められるのは実際の活動、具体的な行動なのだ。

◉取り戻したい「お福分け」の習慣

地震、台風、集中豪雨……。日本は本当に地震が多い。「災害列島」と、ありがたくない呼び名までいただいているほどだ。

こうした災害があるたびに、コンビニやスーパーのレジ前などに「募金箱」がおかれるが、中身はあまり多くはないようだ。

どうも、日本人には「寄付」の習慣が広がっていく気配が乏《とぼ》しい。いったい、どうしてなのだろう。

日本にはかつて「お福分け」と呼ばれる習慣があった。自分にいいことがあったら、その〝いいこと〟の喜びをまわりの人にも分けるのだ。

今の幸せを世間に分けたり、お返しをしたり。すると喜びや幸せがさらに強く感じられ、自分ももっと幸せになれる。

お福分けはそうした心理を衝《つ》いた習慣で、自分もまわりも幸せになれる、とてもうまい仕組みだったと思う。

ときどき、運命ほど不公平なものはないと感じることがある。問題山積といっても、日本はまだ、比較的お金持ちで幸せな国だとも思う。

今、この瞬間にも10億人を超える人々が満足に食べられないで、飢餓《きが》に瀕《ひん》している。ひどい環境で暮らしているため、マラリアにかかって死んでしまう子どもも多い。日本ではとうの昔に根絶したポリオに感染する子どもも数知れない。

マラリアの治療薬は1人分50円。ポリオのワクチンは1人分、わずか20円だ。私たちがほんの少し寄付すれば、大勢の、運命に味方されずに生まれた子どもたちの未来を救えるという事実をもっと広げていきたい。

たとえば、50円玉があったら、それは使わないで手元の箱などにチャリンと入れて貯《た》めていく。2日に1回のペースで貯めたとして1か月に750円ほどだ。このくらいなら、喜んで寄付できる人は多いと思う。

もちろん、お金持ちならもっと高額の寄付を習慣づけていこう。

私は友人にすすめられて、発展途上国の子どもに毎月3000円、送っている。この制度の特長は、送った先の子どもの名前までがわかり、その子から手紙を受け取ることができることだ。3000円で、その子は学校に行くことができ、将来、専門的な技術を身につけたいと明るい夢を手紙に書いてくる。本当にささやかなことだが、私はその子からの手紙を毎月、心待ちにしている。

よい目的のために使うとき、お金は最大の喜びをもたらしてくれる。

同時に、その喜びをもっと大きなものにしたいという気持ちが突き上げるように湧いてくる。もっとお金持ちになって、もっとたくさんの人にお福分けしたいと思うようになっていく。

お福分けはこうして、お金がもつ本当の喜び、本当の幸せを教えてくれる、すばらしい習慣だ。ぜひ、もっともっと普及していくことを心から願っている。

誰に対しても言葉づかいがきれいでマナーがいい

◉うまくいっている経営者は、みな人柄がいい

これまで5000人もの経営者に経営指導をしてきた知人は、

「うまくいっている経営者は、みな、人間性がいいですね」

と言い切っている。

部下や取引先をバカにし、上から目線で対するような経営者は、一時、業績がアップすることはあっても、長い目で見ると、最終的には行き詰まるケースが驚くほど多いそうだ。

「ビジネスは数字の問題。人格とは無関係だと考えがちですが、実は、ビジネスも経営も、煎じ詰めれば人と人の関係なんですね」

説得力のある言葉だ。

人柄が最もよくわかるのは、取引相手に対する態度ではなく、部下とか、一見、なんの関係もないお店の人などへの態度だそうだ。

取引先に対してはいくらていねいに接していても、部下に対するとき横柄《おうへい》な態度だったり、命令的な口調だったりする、そんな人は信頼できないし、それ以上に親しくなりたいとは思わない。

◉〝聞くチカラ〟の鍛え方

まわりの人のいうことをよく聞き、そしてそれをちゃんと取り入れる。こうした素直さや、相手を立て、うやまう気持ちがないと仕事はうまくいかない。結果、成功しない。

それはよくわかっているけれど、実際は人の話をちゃんと聞くことは、実はものすごくむずかしい……と一般的にはいわれている。

だが、ちょっとしたコツをマスターすれば、あんがい簡単に聞き上手になれることを知っておいてほしい。以下〝聞くチカラ〟をつけるコツを挙げていこう。

①主役は相手。自分はなるべくしゃべらない

口にしていいのは「そう」「それで?」「どうして?」「それから?」などのあいづちぐらいだと心得よう。

②相手の言葉をそのまま繰り返す

「私はアラビア語が得意なんですよ」

「へえ、アラビア語が……」

「先日、キューバに行ってきましてね」

「キューバ? キューバへですか?」

「私ね、すごく泣き虫で、なんでもないところでもすぐに泣いちゃうんですよ」

「え？　泣いちゃうの？」

などと相手の言葉尻をそのまま繰り返し、意見や感想はいわない。これも大事だ。

③「わかるよ」「わかった」はタブー

まだ説明の途中かもしれないのに、「わかった、わかった」とか「わかるわ、その気持ち」などといわれると、この人は口先だけで「わかった」といっているんじゃないかと受け取られ、信用されなくなってしまう。

それよりも「たとえば？」「具体的には？」などの言葉を使って、もっと詳しく知りたい気持ちをアピールしたほうがいい。相手は「すごく関心をもってくれたのだ」と喜び、もっと細かく、きちんと話してくれるようになるはずだ。

成功者は例外なく「いい顔」をしている

◉顔を見れば、どの程度の人かはわかるもの

お金持ち、イコールいい仕事をして、生き方や人生に満足している人は例外なく、とて

もいい顔をしている。

最近は、すぐにイケメンだとか、かわいい！　とか容姿が評価の的になるが、いい顔とは、イケメンとは少し違う。顔かたちのよさを問題にするのではなく、表情やたたずまいにその人らしさ、これまでの生き方がいい味になってにじみ出ている。ここでは、そんな顔を「いい顔」と呼びたい。

10年以上前になるが、『人は見た目が9割』（竹内一郎著・新潮社）という本が出版され、話題を呼んだ。人の印象は話す言葉や内容など、言語によるコミュニケーションは7％程度で、残りは言葉以外の要素に左右されるのだという。

「見た目」といっても、顔かたちだけでなく、服装、しぐさ、態度、声の調子なども含まれる。

さらには、そこから感じ取れる教養の度合い、マナーなども含まれると、かなり広義に書いてある。

だが、私にいわせれば、たいていの人は、ただ「顔」を見ただけで、どのくらいの人物であるかはだいたい判断がつくものだ。

◉だんだん「いい顔」になっていく生き方とは

顔は想像以上に正直にその人を表しているもので、どんなにイケメンや美人に生まれついてもなんとなくイヤみがある顔、品がなく貧相な顔もある。

だが反対に、いい生き方をしてきた人は、イケメンに生まれついたわけでなくても、思わず見ほれてしまうような、本当にいい顔になっていく。

たとえば、今やニューヨーク・ヤンキースの大黒柱になった田中将大《まさひろ》投手は、その典型だといえないだろうか。

失礼を承知でいうのだが、高校時代の田中選手はお世辞にもイケメンとはいえず、顔で勝負はできなかった。投手としての素質や実績はダントツだったにもかかわらず、当時の人気は、ほかのイケメンの投手にはるかに及ばなかったくらいだ。

だが、最近の田中選手は引き締まった、本当にいい顔になってきた。大リーグに移ってからも、毎年すばらしい成績を残している。チームの信頼に応え、しっかり仕事をしている。

そんな自信が内側からにじみ出てきて、これからもますますいい顔になっていくに違いない。

先ごろ亡くなった女優の樹木希林《ききききりん》さんも、年齢とともにいい顔になっていった人の1人だ。樹木さんも、申し訳ないが、美人とはいえない。だが、樹木さんほど魅力的な女優はそうはいない。

何よりもその存在感、表情ににじみ出る人生の機微を味わい尽くした素敵な生き方が、人の心をとらえてやまない。

自分にウソをつかず、誠実に向き合って、いい仕事を重ねていく。あるドラマで見せた樹木さんの、円空仏《えんくうぶつ》のような顔は忘れられない。

最近は整形美容が進歩し、二重まぶたにするなどのプチ整形も入れると、5人に1人は「整形手術を受けた」、あるいは「受けたいと思っている」そうだ。

だが、そんなことまでして外見だけを整えても、本当のいい顔にはなれないことを肝に銘じよう。

本当のいい顔とは、生き方を通じて、自分で作り上げていくものだ。

その生き方が本人にとっても、また社会にとっても価値あるものならば、自然にいい顔になっていく。そのことは、多くの成功者やお金持ちたちの顔を見れば、深く納得できるはずだ。

お金持ちになることを人生のゴールにしない

◉もし1億円貯まったら、あなたはどう生きるか

「夢は年収1000万円」とか「1億円貯めたい」という人は少なくない。だが、このような目標をもっている人は、意外なようだが、あんがい豊かな人生は送れない。

実際に年収1000万円、1億円の預金をもつとひとまず小さく満足してほっとしてしまう。これではそこから先、成長していくエネルギーは湧いてこず、小さくまとまった、つまらない人生で終わってしまう。

こうして小さな満足と引き換えに、成長していく大きな喜びを失ってしまうのは、あまりにもったいないと思えてならない。

目標の金額を稼げるようになっても、そこからさらに焦りが募《つの》る場合もある。「お金は海の水に似ている。飲めば飲むほどのどが渇《かわ》く」といった人がいるが、けだし名言だ。

年収1000万円も1億円の貯金も、到達してみると、その先にもっと高い山があることが見えるからだ。もっと高い山を目の前にすれば、さらに高い山に登りたくなる、これ

も人がもつ当然の欲求だ。

だが、登れば登るほど、もっと登らなければ満足できないという人生も、それはそれでつらいかもしれない。

◉お金は、自分らしい生き方を実現するためのツール

ここでもう一度、お金持ちとはどんな人をいうのか、考えてみよう。

お金持ちとは、お金をたっぷりもっている人。普通はそう考えるのかもしれないが、ここまでいろんなケースを見てくると、**真のお金持ちとは、自分が生きたい人生を自由に、思うままに生きている人**だと気がつく。

いくらたくさんお金をもっていたとしても、銀行に貯めてあるだけでは意味がないし、使いたい目的がなければ、どんなにお金がたくさんあっても喜びや幸せには結びつかない。

改めて考えるまでもなく、人はお金持ちになるために生きているわけではなく、真の喜びを味わい、幸せになるために生きている。

喜びも幸せも人それぞれ。お金はそれを実現するためのもの。生きる喜びを実現するためのツールなのだ。

つまり、自分にふさわしい喜びや幸せがわかっていなければ、せっかくのお金を生かすことはできないのだ。

これまでの人生を振り返って、いちばん幸せだったときを思い出してみよう。

恋愛していたとき？

子どもが生まれたとき？

仕事が高く評価されたとき？

お金持ちになったとしても、こうした喜びのない人生ではさびしく、輝くこともない。

これから先の人生では、何に喜びを見いだし、幸せを感じるのか。いちばん大事なのは、それを明らかにすることだといえよう。

お金持ちであることが本当の価値を発揮するのは、自分が幸福だと思う生き方をいちばんいい形で実現するためだ。

それさえ理解できれば、自分らしい喜びに満たされた人生を生きるために、必要なだけのお金があればいいとわかる。そして、そうした生き方こそ、お金持ちというにふさわしい、最高の人生だと讃《たた》えたい。

参考文献――

『いま君に伝えたいお金の話』村上世彰（幻冬舎）
『年収1億円になる人の習慣』山下誠司（ダイヤモンド社）
『お金がたまる人が捨てた37のこと』田口智隆（フォレスト出版）
『お金持ちになるのは、どっち!?』田口智隆（SBクリエイティブ）
『年収1億円を引き寄せる1％の人だけが実行している45の習慣』井上裕之（PHP研究所）
『一流の男のお金の稼ぎ方』里中李生（総合法令出版）
『金持ち脳でトクする人、貧乏脳でソンする人』世野いっせい（PHP研究所）
『世界の大富豪2000人がこっそり教えてくれたこと』トニー野中（三笠書房）
他に多数のウェブサイトを参照させていただきました。

菅原 圭 すがわら・けい
早稲田大学文学部卒。コピーライター、出版社勤務を経てフリーに。ライターとして、ビジネス界のキーパーソンをはじめ作家、文化人など著名人を多数取材。成功する人の考え方、習慣、振舞いなどに関心をいだき、さまざまな角度からその共通点を探究、著作に結実させている。著書に、ベストセラーとなった『お金持ちが肝に銘じているちょっとした習慣』をはじめ、『運のいい人が心がけているちょっとした習慣』『マナーより大事な品性がにじみ出る立ち振舞い』（いずれも小社刊）、『さすが！と一目、置かれる人の気配り術』（大和書房）などがある。

ふつうの人が お金持ちになる たった1つの方法

2019年1月15日　初版印刷
2019年2月5日　初版発行

著者 ── 菅原 圭
発行者 ── 小野寺優
発行所 ── 株式会社河出書房新社
〒151-0051 東京都渋谷区千駄ヶ谷2-32-2
電話(03)3404-1201(営業)
http://www.kawade.co.jp/
企画・編集 ── 株式会社夢の設計社
〒162-0801 東京都新宿区山吹町261
電話(03)3267-7851(編集)
DTP ── アルファヴィル
印刷・製本 ── 中央精版印刷株式会社
Printed in Japan　ISBN978-4-309-24898-1